河北省社会科学基金项目（项目编号：HB21YJ013）

城市空间对交通拥堵的影响机理及空间治堵研究

STUDY ON INFLUENCING MECHANISM OF
URBAN SPACE ON TRAFFIC CONGESTION AND
SPATIAL MANAGEMENT

刘晓萌◎著

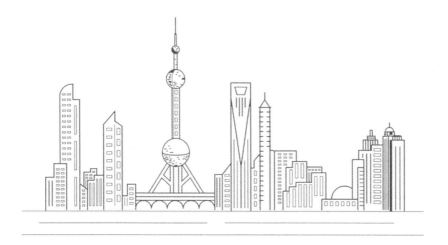

经济管理出版社
ECONOMY & MANAGEMENT PUBLISHING HOUSE

图书在版编目（CIP）数据

城市空间对交通拥堵的影响机理及空间治堵研究/刘晓萌著．—北京：经济管理出版社，
2024.3

ISBN 978-7-5096-9559-3

Ⅰ.①城…　Ⅱ.①刘…　Ⅲ.①城市交通—交通拥挤—研究　Ⅳ.①U491.2

中国国家版本馆 CIP 数据核字（2024）第 023791 号

责任编辑：申桂萍
责任印制：许　艳
责任校对：王淑卿

出版发行：经济管理出版社
　　　　　（北京市海淀区北蜂窝 8 号中雅大厦 A 座 11 层　100038）
网　　　址：www.E-mp.com.cn
电　　　话：（010）51915602
印　　　刷：北京市海淀区唐家岭福利印刷厂
经　　　销：新华书店
开　　　本：720mm×1000mm/16
印　　　张：11
字　　　数：185 千字
版　　　次：2024 年 3 月第 1 版　　2024 年 3 月第 1 次印刷
书　　　号：ISBN 978-7-5096-9559-3
定　　　价：78.00 元

前　言

　　城市交通系统是城市复杂系统高效运行的重要支撑，优越的交通环境是城市快速发展的必要条件。在城市化和工业化高速发展的进程中，巨量的人口和要素源源不断地向城市快速汇集，城市空间、产业空间及人们的经济活动空间也都处于快速发展与大幅重塑过程中。与此同时，交通拥堵、环境污染等城市问题日益凸显，城市交通拥堵治理问题已经成为当今世界范围内的难题，也成为相关领域学者的研究重点。在城市化早期，交通的供需矛盾主要存在于城市交通系统内部，通过提高交通基础设施的供给水平和交通管理水平可以在一定时期缓解这一矛盾。当城市化进入快速发展期时，交通的供需矛盾主要源于城市交通系统以外的环境，受经济、社会、政策等各种因素的综合影响，仅靠供给侧治理已经不能解决。近些年来，学者着眼于需求侧治理，探索如何削减与控制城市交通需求，主要成果集中在交通工程、交通与城市规划领域，目前依然具有很大的研究空间。

　　本书结合区域经济学、交通经济学、交通工程学等相关理论，分析了城市空间与城市交通相互作用的一般规律，在时空经济分析框架下，以中心地理论和时空消耗理论为基础，采用规范分析方法，建立城市空间模型，构建交通时空需求分析框架，探讨了城市空间结构、空间形态、产业与人口功能布局对城市交通时空需求的影响，并结合典型城市进行实证研究。主要研究结论如下：城市空间规模与城市交通发展存在动态推拉关系，交通工具发展对城市空间规模存在推动作用，城市空间规模扩展到一定阶段会对城市交通系统具有明显的拉动作用。交通可达性作为城市交通和城市空间的纽带，通过影响居民及企业选址、土地利用性质和开发强度，对城市空间形态产生引导。交通方式及交通基础设施的发展为城市功能布局的"功能混杂—功能分区—功能混合"螺旋上升发展提供重要的支撑。本书指出，城市空间与城市交通的交互影响关系是优化城市空间结构形态和功能布局、从源头上缓解交通拥堵的理论基础。

本书构建了交通时空需求分析框架，测度不同城市空间结构下的交通时空需求。结果显示，同等城市规模和相同功能区布局下，组团功能完善的多中心城市结构交通出行时空需求远小于单中心城市，单中心城市结构存在大量的过度交通需求，但组团功能不完善的多中心城市结构依然存在大量过度交通需求。该结论支持了多中心城市有助于提高城市交通效率的论断。城市空间形态变异会产生过度交通需求。通过对多中心城市组团粘连式扩展进行界定和分析，认为组团粘连区具有以下特征：第一，位于成熟组团之间。第二，开发密度低。第三，城市功能配套不完善。第四，公共交通供给不足，轨道交通发展不利。通过城市空间模型模拟测度与实例分析，认为组团粘连区居民平均出行距离和时间更长，跨组团交通量更多，小汽车出行比例更高，粘连区的交通时空需求远大于非粘连区，会加重城市交通拥堵。产业、人口布局通过交通量、流向和方式影响交通需求。

通过建立城市功能布局模型，本书测度了各种产业与人口布局及交通方式下的交通时空需求。结果显示，混合交通方式下的商业、产业、居住地集中混合式的布局交通出行需求最小，本书认为产业人口空间布局失衡是城市交通时空需求过度的重要原因，交通方式与地面交通运行状况也在很大程度上影响城市的交通时空需求。

另外，本书从空间视角提出降低城市交通时空需求的治理建议：一是优化城市空间结构与完善多中心城市空间形态，传统单中心城市要发展功能完善的多中心布局，多中心组团城市避免粘连式扩展造成空间形态变异。二是城市功能多元复合开发，产业与就业多中心布局。三是建立以人为本的综合交通方式、综合交通网络、立体城市交通体系。以"城市综合体+交通换乘枢纽"的城市 TOD 中心为基本单元，构建城市内部的多中心网络。

目　录

城市空间对交通拥堵的影响机理及空间治堵研究

第一章　绪论

第一节　研究背景与意义

一、研究背景

城市是集聚经济和规模经济作用的结果，经济活动在地理空间上呈现局部集中的特征，这种地理空间上的局部集中会带来分散状态下所不具备的经济效率。20世纪90年代末以来，我国进入了城市化的高速发展阶段，《中华人民共和国国民经济和社会发展统计公报》和历年《全国城市环境管理与综合整治年度报告》数据显示，城市化率由1999年的30.9%迅速发展为2017年的58.5%，以平均每年1.48%的速度增长。在城市化和工业化高速发展的进程中，巨量的人口和要素源源不断地向城市快速汇集，城市空间、产业空间及人们的经济活动空间也都处于快速发展与大幅重塑过程中，随之而来的是交通拥堵、环境污染等城市问题日益凸显。交通拥堵首先在北京、上海、广州等经济率先发展起来的大城市显现，之后开始向全国城市蔓延，日益严重的交通拥堵影响了城市的运行效率，造成大量的社会经济损失，目前已经成为困扰我国城市发展的主要原因之一。

交通拥堵是过度集聚与有限空间的矛盾冲突的产物，其直接原因是城市交通供求失衡的情况日益严重。当前城市交通拥堵治理措施可分为两个方向：一是增加交通供给，通过不断加强城市交通基础设施建设、改善城市路网结构、提高交通组织及管理水平等方式来缓解交通供需矛盾。增加交通供给在交通拥堵出现早期是有效的，但是，由于城市土地资源的有限性，交通供给不可能无限扩大，城市交通供给逐渐趋于极限，增加交通供给对缓解拥堵的作用越来越有限。国内外实践已经证明，依靠增加交通供给只能在短期内缓解交通供需矛盾，长期反而会诱发更多的交通需求。二是减少或控制交通需求。影响交通需求的因素很复杂，最主要的因素之一是大量人口向城市不断汇集，在当前我国城市化快速发展的历史时期，削减城市人口总量、控制人口向城市聚集显然是不现实的。人们已经认识到，交通拥堵的出现与城市的升级与空间演化等宏观因素联系密切，因此，从城市空间的角度，寻找减少交通需求总量和优化交通需求分布的途径，是当前比较可行的交通拥堵治理方向。

多中心的城市空间战略与城市规划学中的新城、有机疏散理论，其初衷都是为了解决大城市中心城区的拥挤问题。为了满足经济发展和人口增长的需求，同时缓解中心城区的交通拥堵，国外一些巨型城市如东京、巴黎、纽约已经在规划并发展多中心的城市空间结构形态，国内的北京、上海、广州等主要大城市也都在总体规划中提出了多中心的城市发展战略。尽管我国特大城市中只有 10% 属于"多中心、组团式"的空间结构，但是 75% 的特大城市把多中心结构设定为规划发展模式。2013 年，国家发展和改革委员会城市和小城镇改革发展中心对 12 个省级地区进行调研发现，各地均规划了新城、新区建设，144 个地级市中有 133 个均计划建立新城、新区。很多城市如北京、武汉、大连、天津、郑州、兰州、昆明等，虽然目前尚未形成多中心城市结构，但是把组团式结构作为规划布局形态，一时间新城、卫星城、新区建设在国内比比皆是。各大城市都期待通过多中心城市空间结构减少城市的交通负荷，从而缓解交通拥堵问题。

然而经过多年实践，我们不得不承认，在单中心结构大城市边缘设立边缘组团或卫星城的成效并不令人满意，不仅中心城市继续蔓延，疏解作用不甚明显，对疏散中心城区交通压力的效果也并不理想。一些边缘组团被逐渐蔓延的中心区吞并，边缘组团已基本和主城区连为一体，或者由于功能不完善沦为"卧城"或"空城"，不仅不能有效缓解中心城区交通拥挤问题，还形成了大量的钟摆式通勤交通流。"分散集团式"布局的内涵几乎完全丧失（刘健，2004）。可见，仅仅在地理上设立边缘组团，在形式上建立多中心组团式的城市结构，并不能有效减少交通需求，缓解大城市的交通问题。除此之外，随着城市空间的快速扩展，一些多中心城市空间形态发生了变异，多中心组团城市在空间扩展过程中出现了组团粘连现象，组团式城市空间结构被破坏，对组团城市交通系统产生了不利的影响，为政府和学界提出了新的问题和挑战。因此，交通拥堵城市空间层面的需求侧治理研究还需要根据我国城市发展特征和出现的新问题进一步深入展开。

二、研究意义

研究城市空间对交通时空需求的影响机理及空间治理，能够为城市规划、交通规划制定以及城市产业布局优化、土地利用形态调整提供依据，对优化城市空间结构和功能布局、从根源上缓解城市交通拥堵难题具有重要的现实意义。本书的研究意义体现在以下几个方面：

（1）拓宽城市交通拥堵研究领域的理论与方法体系，丰富相关研究成果。交通拥堵研究属于多学科交叉研究领域，一直是城市地理、城市规划和交通工程领域的研究热点，本书从时空视角，在时空分析框架下对城市空间、交通需求与交通拥堵关系进行进一步研究，对于完善相关领域研究的方法体系有积极意义，有助于丰富和扩展城市空间与城市交通互动关系的相关研究成果。

（2）为城市空间与城市交通协调、可持续发展提供思路。由于城市发育早期缺乏科学的规划，我国很多城市空间都是单中心结构，城市空间资源利用极不均衡，随着城市规模的扩大，交通出行高度集中，城市空间与城市交通系统不能协调发展。同时，一些多中心结构的城市随着城市空间规模扩展和空间形态变异，交通拥堵也越发严重。《中华人民共和国国民经济和社会发展第十三个五年规划纲要》明确提出，提高城市治理能力，加大"城市病"防治力度，努力打造和谐宜居、富有活力、各具特色的城市，为我国城市可持续发展指明了方向。城市空间结构形态、城市功能区的空间布局，影响城市交通模式选择、交通需求总量、空间分布特征及交通方式选择。因此，通过研究各层面的城市空间与城市交通的交互关系，有助于从根源上减少交通需求总量，优化交通需求分布、需求模式与交通系统结构，从而从根源上缓解交通供需矛盾，治理城市交通拥堵这一"大城市病"，为建设宜居城市提供思路，对城市空间与交通协调发展具有重要的现实意义。

第二节　研究目标与内容

一、研究目标

本书针对我国城市交通拥堵的现状和特殊性，以经济学和交通相关理论为基础，运用定性与定量相结合的方法，试图解决以下问题：①从时空经济的角度分析城市空间与城市交通的交互关系和互馈机制。②分析中国城市空间对交通拥堵的影响机理。③探寻适合中国城市发展特征的交通拥堵空间治理对策。

二、研究内容

本书的主要研究内容分为五部分，具体如下：

（1）城市空间与城市交通的交互关系分析。对城市空间与城市交通的相关概念进行界定。从城市空间规模、城市空间形态、城市功能布局三个空间层面分析城市空间与城市交通系统的交互作用，具体分析了城市空间规模与城市交通发展的动态推拉作用、城市空间结构形态与城市交通的交互作用，以及城市功能布局与城市交通的互馈关系。本书以东京和北京为例，对其城市空间演化与城市交通相互作用进行了实证研究。

（2）城市空间结构与交通时空需求过度。界定交通时空需求过度的概念，分析城市交通时空需求的决定因素；以中心地理论和时空消耗理论为基础，建立城市空间模型和交通时空需求的测度方法，测度不同城市空间结构对交通时空需求的影响。

（3）城市空间形态与交通时空需求过度。对多中心城市组团粘连式扩展的概念及特征进行界定，通过城市空间模型模拟组团粘连式扩展过程，分析组团粘连式扩展对交通时空需求的影响，以重庆主城区的粘连区为例，进行了案例分析。

（4）城市功能布局与交通时空需求过度。阐述产业空间组织形态发展阶段，企业、人口的区位选择机理及影响因素，并分析功能布局与城市交通系统互动关系，刻画城市产业、人口布局对城市交通系统的影响及城市交通对产业空间布局的导向作用。运用城市空间模型模拟各种功能布局，测度不同产业、人口布局对城市交通时空需求的影响。此外，本书以重庆市为例，对重庆市城市空间结构的演化、产业结构及布局演变和交通发展变迁进行了梳理。

（5）城市交通拥堵的空间治理策略研究。根据前文的研究结论，归纳城市空间对交通拥堵的影响机理。从城市空间结构形态、功能布局、城市交通空间三个空间层面提出了减少城市交通时空需求的空间治理策略，为缓解城市交通拥堵、促进城市空间和城市交通系统协调可持续发展提供了依据。

第三节　研究思路与方法

一、研究思路

在研究思路上，本书遵循"What-Why-How"模式的研究规律。首先以当前国内外交通拥堵现状及拥堵治理实践为背景，分析存在的现实问题，探讨国内外城市交通时空需求相关理论与实践研究，总结当前研究存在的问题以及进一步的研究方向，基于此确定本书的研究目标为："分析我国城市空间对交通时空需求的影响机理，探寻适合我国城市发展特征的空间治理对策。"其次分析城市空间与城市交通系统的交互作用机理及一般互动规律，以此作为从城市空间角度探索缓解交通拥堵的理论基础。基于时空经济视角，以中心地理论和时空消耗理论为基础，构建城市空间模型，建立交通时空需求分析模型，模拟各种城市空间结构和功能布局，分别测度不同城市空间结构下、"多中心、组团式"城市空间形态变异情况下，以及各种产业、人口布局下的城市交通时空需求，分析城市空间对交通时空需求的影响机理，并进行实例分析。最后基于分析结论，从宏观、中观、微观三个空间层面提出了减少城市交通时空需求、缓解交通拥堵的空间治堵策略。本书的研究思路框架如图1-1所示。

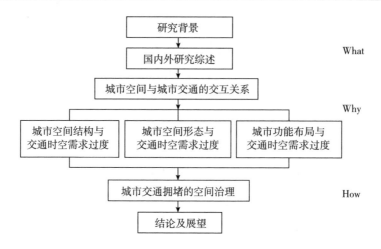

图 1-1　本书的研究思路框架

二、研究方法

由于城市交通及城市空间研究具有深刻的复杂性，属于交叉学科，其研究涉及众多学科领域。从本书的研究范围来说，将涉及交通经济学、区域经济学、交通工程学等相关理论。本书注重多学科的融合，重视理论研究与实践研究相结合、定量分析与定性分析相结合。本书拟采用以下几种研究方法：

第一，文献研究法。系统收集整理国内外关于城市交通拥堵及其治理、城市空间结构、土地利用与城市交通关系等方面的研究资料，了解相关领域最前沿的研究热点，为本书的研究奠定基础。

第二，规范分析法。城市交通拥堵的形成原因是极其复杂的，是经济、社会等多层面，政府、单位、个人等多主体相互共同作用的结果，不同领域的研究者对交通拥堵的主要成因及对策存在不同的判断和理解。本书采用规范分析法，以经典理论为研究基础，设立一定的假设条件，构建模型和测度方法并得出了结论。具体来说，构建城市空间模型和交通时空需求模型，测度各种城市空间结构、形态及功能布局下的交通时空需求，分析交通时空需求过度的空间原因，并基于此探寻交通拥堵的空间治理途径。

第三，实证分析法。由于规范分析法的假设条件与现实具有一定差距，本书运用实证研究验证并丰富了演绎结论。通过对国内典型城市的实证研究，验证了城市空间结构、形态和功能布局对交通时空需求影响模型的分析结论。

本书的技术路线如图1-2所示。

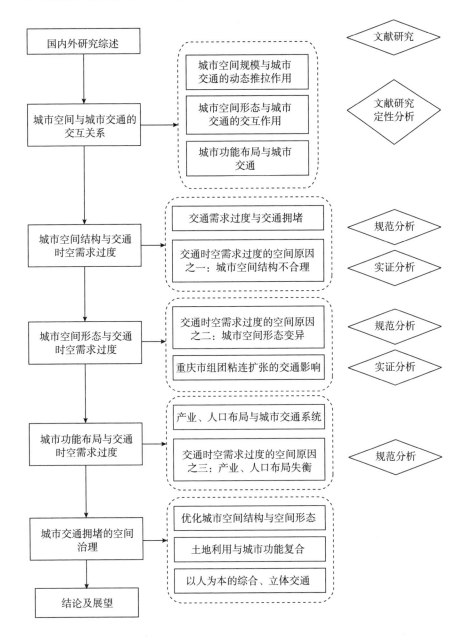

图1-2 本书的技术路线

第二章　国内外研究现状

第一节　城市交通拥堵及其治理研究

一、城市交通拥堵的内涵

交通拥堵是对交通拥挤和交通堵塞的笼统称谓，交通堵塞是指由于大规模的交通拥挤或交通事故，导致在较长的时间内某一道路上的车辆无法行进的现象。关于交通拥堵的内涵与定义，学者和各国交通部门从不同角度进行了阐释和界定。

交通拥堵基于出行者主观感受做出的描述和判断，与出行个体基于不同出行目的的心理承受能力相关。美国芝加哥交通部认为，超过30%的车辆滞留在道路上的时间超过5分钟可以被认为是交通拥堵。日本建设省规定，道路拥堵时间超过10分钟或道路拥堵长度超过1000米被认为是交通拥堵（段里仁，1999）。中华人民共和国交通运输部规定，在无交通信号灯指示的交叉路口，车辆停止距离超过250米，或有交通信号灯的交叉路口，三次显示绿灯车辆未能通过交叉路口，即为交通拥堵（陈凯丽，2013）。孙莉芬（2005）认为，交通拥挤指交通需求超过交通实际通行能力时，超过通行能力的那部分车辆滞留在道路上形成排队的交通现象。北京市交通委员会（2012）规定了一系列交通拥堵的定量测算指标，包括道路拥堵指数［汽车行驶里程数（VMT）与车道里程的比值］、持续拥堵指标（年平均日交通量与通行能力的比值)、拥堵度(实际交通量与基准量的比值)。丘银英和唐立波(2012)从经济学的角度对交通拥堵进行了定义,即无须支付额外成本时,道路这一公共物品被过度使用限制了可持续发展,是个体理性和集体理性不一致的结果。

交通拥堵可以分为不同的类型,根据拥堵范围可以分为线性拥堵、面性拥堵和点性拥堵,根据出现频率可以分为持续拥堵和偶发拥堵,根据拥堵时间可以分为长时拥堵和短时拥堵;根据导致拥堵的原因则可分为大型活动或就业岗位密集区域人流活动导致的汇聚性拥堵,施工影响、交通信号不合理、局部交通组织宏观规划性差等导致的交通组织性拥堵,突发事故和自然灾害导致的突发事件性拥堵等。在不同的城市,出现交通拥堵的原因往往是多元化的,是多重因素互相影响的结果。

二、城市交通拥堵的成因及发展特征

(一)城市化与交通拥堵的关系

大多数发达国家和地区已经经历了城市化的起飞、发展和成熟阶段。经济学家巴顿(1976)认为,城市是一个在有限空间地区内的各种经济市场——住房、劳动力、土地、运输等相互交织在一起的网状系统,各种活动因素在地理上的大规模集中。目前,经济学家普遍认可聚集效应、规模效应和乘数效应联合作用驱动城市化发展,使社会生产力不断地提高,向城市尤其是向大城市集中,当城市集聚到一定规模时,中心引力越来越大,吸引的交通流越来越多。因此,必须找到有效分散交通流的办法,然而城市的强中心引力越大,将交通流有效分散的能力就会越弱。而城市很难因为交通问题而牺牲城市强中心吸引力带来的巨大效益,人们只能一面享受大城市丰富的资源一面忍受越发拥堵的交通。正如韦伯(1965)在《工业区位论》一书中所说:"每一个进入大城市的人,其目的之一是某些经济追求。当人们有可能轻易被强大的经济力量的铁链束缚的时候,争论文化和社会动机难道明智吗?或许,今日巨大的集聚仅仅是经济和技术发展到一定阶段的必然产物;或许是我们经济制度中社会组织的结果。"交通拥堵也是城市化发展不可避免的产物,交通拥堵是聚集经济的成本之一,成本的高低在整体上决定着聚集的形成与演化。

工业革命后,人口由农村大量涌入城市,19世纪50年代,欧洲传统的城市

形态已经无法承载迅速增长的人口与日益发展的综合城市的需求。与此同时，铁路由美国传入欧洲，欧洲建立了早期的铁路网。交通方式的进步，推动了城市空间的扩展，老城区增加的人口被安置在郊区，开始了铁路郊区的时代。随着高层建筑的拔地而起，城市可以容纳更多的人口，而工业生产却不可能在密集的高层建筑里进行，建立工业卫星城成为解决这一问题的重要方法，这导致城市空间范围进一步扩大。19 世纪 90 年代，西方城市进入电车时代，交通网络辐射范围从 4 千米增加到 8 千米，并且较低的费用使产业工人能够承受远距离通勤，同时郊区便宜的土地价格也促使工人向外搬迁，缓解了老城区的居住压力，但购物中心和商务区依然占据城市中心，就业与购物的集中必然导致交通的拥挤。1943 年，芝加哥开通了第一条城市中心地铁，交通的进步解决了城市最初的拥挤。在美国，从 20 世纪 20 年代开始，汽车开始大量生产，变得越来越平民化，"汽车郊区"成为一种新的居住形态，汽车时代的到来使美国的城市公交体系逐渐萎缩，第二次世界大战以后，城市交通拥堵问题越来越令人担忧。汽车时代的来临，交通拥堵成为真正困扰城市的问题，至今没有得到有效的解决。与汽车相关的交通拥堵始发于第二次世界大战后的西方国家城市，纽约、伦敦、巴黎等大城市先后于 20 世纪 40~70 年代经历了严重的交通拥堵。此后，陆续向东蔓延至亚洲主要国家城市，东京在 20 世纪 70 年代、首尔在 20 世纪 90 年代以后出现了严重的交通拥堵。在我国，进入 21 世纪后，随着城市化的快速推进，交通拥堵首先出现在几个特大城市——北京、上海、广州、成都等，并在短短几年时间迅速蔓延至百万人口以上的大城市，甚至一些中小城市也出现了严重的交通拥堵问题，且愈演愈烈。

下面以伦敦和中国香港为例探讨城市交通与城市化的关系（见表 2-1）。

表 2-1　中外城市交通与城市化关系

城市	时间	城市人口（人）	交通方式的发展	交通拥堵情况
伦敦	19 世纪 40 年代	200 万左右	水上"的士"、马拉的巴士铁路	交通出现拥堵，且日益严重
	19 世纪中期至第一次世界大战前	1840 年 250 万 1881 年 450 万 1901 年 660 万	公共马车、马拉有轨车、城市地铁（完善的城市地铁系统）	交通拥堵司空见惯，拥堵问题严重

城市	时间	城市人口（人）	交通方式的发展	交通拥堵情况
伦敦	第一次世界大战以后	700万~800万	公共汽车、出租汽车、轨道交通、个体机动车、自行车、步行	工作日高峰时段：伦敦中心地区的车速为17千米/小时，内伦敦的平均车速为19千米/小时。从2003年开始在中心区21平方千米范围内实施拥挤收费政策
中国香港	1965~1978年	500万	出租汽车、公共汽车、小汽车、摩托车、轮渡	每千米道路平均行车数从20世纪50年代末的50辆增长到60年代的100辆，并于1975年达到了178辆
	1979~1998年	467万~650万	地铁、出租汽车、公共汽车、小汽车、摩托车、轮渡	车辆密度为263辆/千米，严重拥堵（截至1983年底）平均车速从1979年的20千米/小时到1988年的24千米/小时
	1999年至今	740.98万	地铁、出租汽车、公共汽车、小汽车、摩托车、轮渡	公共交通出行分担率上升，拥堵得到缓解

（二）城市交通拥堵的成因及影响因素

就本质而言，城市交通拥堵是交通供需关系失衡的结果。城市交通拥堵的根本原因是城市有限的空间和聚集线性之间的矛盾，表现在交通的供需关系失衡，以交通拥堵的外化方式表现出来。通过对美国大城市交通拥堵原因的分析，Miller等（1999）认为，人口与就业的高速增长、机动车数量和小汽车使用的时空集中、交通基础设施的相对滞后是导致美国交通拥堵的三个主要因素。Bertini（2005）通过问卷调查发现，交通服务水平（Level of Service，LOS）降低和交通信号周期失效（Traffic Signal Cycle Failure）是交通拥堵的基本特征。全球著名的交通GPS服务商Tom Tom公司（2017）分析了全球180个城市的交通运营数据，结果表明，经济增长对城市交通拥堵的刺激作用显著。

与外国城市相比，中国城市交通拥堵有其自身的特点，表现在：第一，交通拥堵已成为大城市常态，并逐渐向二三线城市蔓延（郭继孚等，2011）。第二，早晚高峰主干道潮汐式拥堵，并且以单方向拥堵为主。第三，高峰时段拥堵时间拉长。北京市工作日交通拥堵持续时间（包括严重拥堵、中度拥堵）由2009年的 0.9 小时增加到 2014 年的 1 小时 55 分（北京交通发展研究中心，2015）。第四，重要路网节点和交叉口拥堵，制约整个路网运行效率，呈现由"点"拥堵到"点—线—面"拥堵蔓延的趋势（赵鹏军、万海荣，2016）。

国内学者对我国城市交通拥堵现状及成因进行了研究，认为我国城市交通拥堵产生的原因主要有以下几个方面：第一，在快速推进的城市化与机动化的背景下，城市人口密度和规模的过快增长是交通压力的主要来源；第二，人口密度与小汽车保有量的关系畸形，加大了交通供需矛盾；第三，城市公共交通竞争力不足，城市轨道交通相对滞后，交通供给相对缺乏；第四，传统的绿色出行方式受到了小汽车的冲击，日益萎缩；第五，城市规划不合理，城市交通规划体系不健全（林雄斌、杨家文，2015；郭继孚等，2011；王宙玥，2012；李晓霞，2014；吴生波，2013；孙喆，2015；王净，2011）。

20 世纪 90 年代以后，中国城市人口的迅猛增长给交通系统供给带来了巨大压力，《北京市总体规划（2004-2020 年）》提到，北京市 2020 年的人口规模控制在 1800 万人左右，《北京市 2017 年国民经济和社会发展统计公报》显示，2017 年北京市的人口数量就超过 2170 万人，突破了人口规划的总目标。上海市统计局的数据显示，2009 年上海市常住人口数量为 1921 万人，远远超过了 1999 年上海市制定的 10 年人口发展规划目标。随着经济的发展，科学技术的进步，尤其是在巨大的人口压力下，城市面积迅速扩张，人们的出行距离不断增加。研究显示，1997～2007 年，广州市新增的建设用地规模超过50 平方千米，与此同时，广州市的通勤交通从 1984 年的 2.54 千米增加到了2005 年的 6.4 千米（孔令斌，2009），上海市的出行距离也从 1999 年的 4.5千米增加到了 2004 年的 6.9 千米，这些数据的变化都充分说明了人口数量的急剧发展。

中国的城市发展具有特殊性，在短短几年的时间内，城市机动化就跨跃了发达国家几十年甚至上百年的发展历程，这是由于汽车时代与现代化、城镇化建设并行交错导致的（王宙玥，2012）。20 世纪 90 年代中后期，中国私人小汽车数量开始迅猛增长，2000 年以后呈"井喷式"增长。《北京统计年鉴》数据显示，2003 年 8 月，北京市机动车汽车保有量突破 200 万辆，此后持续大幅增加，如图2-1 所示。

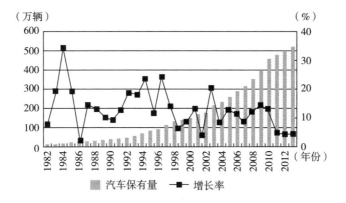

图 2-1 1982~2012 年北京市汽车保有量增长情况

资料来源:《北京统计年鉴》(1983~2013)。

在快速城市化和机动化背景下,城市人口和小汽车的迅猛增长,其增速远远大于城市交通系统承载能力的增长速度(见图 2-2),导致交通供需矛盾激化,城市交通拥堵程度越发严重(见表 2-2)。

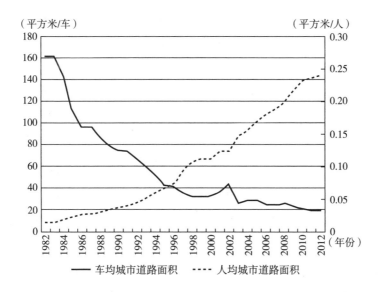

图 2-2 1982~2012 年北京市常住人口、汽车保有量与城市道路面积关系

资料来源:《北京统计年鉴》(1983~2013)。

表 2-2　我国城市交通拥堵发展态势与城镇化、机动化的关系

发展时期	城镇化	机动化水平	拥堵特征
2000～2005 年	2000 年：36.22% 2005 年：43%	2000 年：全国机动车保有量 6000 万辆（全国汽车保有量 1610 万辆）； 千人机动车：46.2 辆； 2005 年：全国机动车保有量 1.3 亿辆（全国汽车保有量 4328 万辆）； 千人机动车：99.4 辆	拥堵初露端倪；个别城市、个别点段
2006～2010 年	2006 年：43.9% 2010 年：49.68%	2010 年：全国机动车保有量 1.95 亿辆（全国汽车保有量 8800 万辆）； 千人机动车：145.9 辆	拥堵逐步扩展；个别城市拥堵范围扩大，较多城市开始出现拥堵
2011～2016 年	2016 年：57.4%	2016 年：全国机动车保有量 2.9 亿辆（全国汽车保有量 1.9 亿辆）； 千人机动车：208 辆	拥堵大规模出现；路网整体脆弱，大城市走向全面拥堵，并向中小城市蔓延

资料来源：国家统计局网站。

　　目前，我国已建成的城市地铁主要集中在北京、上海、天津、南京、广州、深圳、重庆等几个大城市。虽然近几年一些城市加大了对城市轨道建设的投入，但从目前我国建成和在建的城市轨道交通线路来看，不仅数量少、长度短，有限的城市轨道交通不能有效地分流城市交通运输。与国际大城市的中心城区相比，中国大城市城区轨道交通线网密度相对较低，2022 年，东京城市轨道交通线网密度为达到 15 千米/平方千米，而上海的轨道交通线网密度为 0.7 千米/平方千米，北京为 0.67 千米/平方千米。①

　　由于受到小汽车交通的冲击，中国许多大城市的步行和自行车交通环境日益恶化，在安全方面存在严重问题和隐患，很多城市的步行和自行车出行方式日益萎缩。以北京市为例，2010 年自行车出行比例仅为 16.7%（北京交通发展研究中心，2011），与 1986 年相比下降了 46 个百分点。小汽车出行中 5 千米以内的出行比例高达 44%，而这恰恰是最适宜利用步行和自行车出行的距离。当这部分需求转向小汽车时，必然造成交通资源浪费，给道路交通带来压力。

---

　　① 数据来源：www.citylines.co

（三）交通拥堵的发展特征

1. 普遍性

交通拥堵是国内外各城市机动化发展到一定阶段所必然经历的"城市病"和"成长的烦恼"，具有普遍性。以西方发达城市为例，20世纪40~70年代，纽约、巴黎、伦敦等地区经历了严重的交通拥堵，而70年代后，中国香港、东京、首尔等地区也经历了交通拥堵（丘银英、唐立波，2012）。中国虽然在经济发展上具有后发优势，但是并没有成功避免经济快速发展和城市化带来的副作用——交通拥堵。在经济快速发展的背景下，我国的城市机动化水平明显高于发达国家，20世纪90年代后期，交通拥堵现象从以北京、上海、广州、成都为代表的特大城市开始向中小城市蔓延，甚至一些中小城市也开始出现严重的交通拥堵，给当地的经济、社会、环境发展带来不利影响。

2. 周期性和顽固性

交通拥堵不易根治，呈现周期性、顽固性特征。20世纪中期，美国进入汽车时代，人们通过大量修建道路来解决交通拥堵问题，但后来被证实只能暂时缓解拥堵，同时诱发更多的交通需求，形成更严重的交通拥堵。从20世纪60年代后期开始，中国香港和东京出现了严重的交通拥堵，为了有效降低交通压力，两地开始逐步推行公共交通，经过30多年的发展，逐渐形成了符合城市发展的交通体系，而以纽约为代表的一些发达城市虽然经历了几十年的探索，仍然未找到有效的方式缓解交通拥堵。

3. 公众性

城市交通问题牵一发而动全身，涉及众多的利益相关者，与每一位出行者的利益息息相关。对交通拥堵问题的解决需要与交通利益再分配密切相关，可以采用经济手段、技术手段和行政措施等加以调节与约束，引导人们的出行，对导致交通拥堵的最主要因素——数量过多的小汽车加以管控，而一系列措施的出台也势必在社会上引起强烈反响。

三、我国城市交通拥堵问题分析

随着我国经济的发展，城市交通拥堵也逐渐凸显并成为全国性的难题。然而，这些交通拥堵问题的出现，并不是完全因为中国的城市交通建设大大滞后、

城市空间对交通拥堵的影响机理及空间治堵研究

投资相对不足，也不是完全因为汽车保有量的快速增长，恰恰相反，大量的交通投资逐年增加并广泛地投入到城市交通建设中去，而各城市也采取了一系列的措施来抑制汽车保有量的增长。但是，城市交通拥堵问题并未缓解，反而越发严重。因此，导致城市交通拥堵的根本原因是城市发展模式、道路和房屋建设结构不合理，产业布局和人口布局不均衡，以及城市管理政策不足。即我国城市交通发展的战略性失衡，城市发展方向和战略层面出现的偏差。

（一）交通拥堵与城市空间

1. 城市布局

在经济快速增长中，一些主导部门或企业会选择在特定区域或者城市聚集，并将资本以及技术高度集中，快速增长成为具有显著效果的经济发展机制。在此基础上，以中心城市和专业化部门之间的密切联系为出发点，有利于在地理上形成集聚效应以及辐射效应较强的增长极。但在一定程度上会存在一些发展不平衡现象。由于各个地方所具有的自然条件、物质资源以及人口差异较大，城市背景也是不同的，所以所具有的自然资源和城市人口素质均不同。有限的资源以及资金等都无法进行大规模的展开，而集聚效应能够使资金、人力以及资源等生产要素更好地利用，于是产生了空间集聚，空间集聚在一定程度上将造成城市地区之间的发展不平衡。

区域经济发展和空间结构将会出现四个基本阶段。第一阶段表现为前工业化时期的区域空间结构。它主要具有以下几点特征：区域空间均质但无序，具有多个无等级的孤立城市中心，区域经济总体上处于低平衡水平。第二阶段表现为工业化初期的区域空间结构，主要分布在首位城市或者外围区。首位城市会产生回流效应，如果核心越来越大那么边缘化地区将越来越衰落，区域空间逐渐趋于不平衡状态。第三阶段表现为工业化中期的区域空间结构，表现为区域出现新核心，这样将有利于形成多个核心体系，每一个核心体系都有相对应的边缘区域，从而产生若干边缘结构。第四阶段表现为后工业化的区域空间结构，主要是指中心与外围地区联系日益紧密，发展差异较小，能够有利于形成功能一体化的空间结构。

由此可以看出，城市空间扩展是从不平衡发展状态逐渐向平衡发展状态演变的过程。起初表现为数量上的扩张，如单纯的城市中心区或者郊区化；而后

·16·

表现为质量上的扩张，主要表现为近郊区与市中心的差异逐渐减小，近郊区逐渐发展成为市中心的一部分，导致市中心的面积不断扩大，有些边远郊区由于靠近城市中心而成为新的城镇地区，但是存在一些不平衡现象。由于交通系统的可达性存在着时间或地区上的差异，因此在一定范围内如果脱离了城市中心的向心力，那么多核心的出现将会使城市空间变得极其复杂。区域多中心城市的出现使城市之间发展水平差异变小，逐渐打破城市中心的强制力，当增长极在国家或区域范围内缺少与之差距较小的城市时，就会向更大范围的单中心增长极发展。不平衡的水平使增长极的反磁力中心不易产生，也无法解决交通问题。最明显的例子就是英国的伦敦。伦敦是最早出现交通拥堵的城市，早期伦敦的城市面积较小，常住人口大约为 1 万人，但白天进入伦敦的人流数量将近万人，这与伦敦当时是世界上最大的金融贸易中心有很大的关系。在伦敦周围区域的一些工业城市的发展水平远不及伦敦，随着工业附加价值的下降，这种差异越来越大，在伦敦周围甚至是在全英国范围之内都很难找到与伦敦发展水平相当的城市。但是，伦敦为了自身的经济发展，更多的是为了英国经济的发展，通过削弱伦敦的城市活力来解决交通问题是不可能的。如果伦敦的交通问题得不到有效解决，城市交通状况将会受到影响。伦敦的城市发展在那时如果仅仅依靠分散效应，则分散出去的生产要素不一定会留在伦敦，而有可能去往其他城市，整个伦敦都会因此受到影响。因此，解决交通问题必须要考虑整体范围内生产要素的分配，这对城市或者区域进行空间扩展是十分有必要的。不仅有利于解决城市的交通问题，而且还能够促进国家经济发展。

2. 人口—产业空间

人口—产业空间的含义可以追溯到地理学以及空间传统。它主要是指影响城市整体发展的人口以及产业在空间上的流动，属于一种要素流动、配置以及整合的空间载体，由许多层次和功能组成，并且随着时间的推移体现出城市的发展水平。其基本特征是功能多样性、演化协同性以及结构融合性。功能多样性主要是指人口产业在经济社会以及生态方面对城市的整体发展产生重要的影响。演化协同性主要是指人口产业空间优化并不是无章可循，而是彼此相互协调、相互依赖、相互平衡。结构融合性主要是指人口以及产业之间相互渗透、相互依赖，彼此不可分割。

人口和产业是维持城市空间的载体。人口和产业的合理分布是城市发展的基本前提条件，它能够提高城市的发展速度以及经济效率。人口和产业的集聚能够推动城市空间的调整，城市发展在开始时主要集中在某一点，而人口和产业也围绕这个点分布。持续不断地进行集聚将导致空间资源的稀缺和土地价格的上升。城市空间不断向外扩展，导致城市规模不断地扩张。城市的力量主要取决于集聚经济效应。然而集聚经济具有自身的合理界限，如果超出这一界限将会导致城市空间的无序扩张、交通堵塞甚至产生环境污染，使城市经济严重损失，不利于城市的发展。城市属于空间载体，其基本特征就是人口以及产业的集聚。要想实现城市空间的优化，必须要以产业的布局以及人口的分布为出发点。

（二）交通拥堵与汽车消费和文化

1. 汽车消费

汽车是工业文明发展到一定阶段的产物，汽车的普遍使用和大量消费在一定程度上推动了经济的高速发展，同时推进了钢铁制造、物流运输、能源、公路建设等相关工业的发展，增长了社会劳动就业率。汽车的普及推动了我国经济的发展，也扩大了人们的活动范围。国际上普遍认同的国家和地区步入汽车社会的标准是每百户居民汽车拥有量达到 20 辆以上，按照这个标准，中国在2010 年便已经开始步入了汽车社会的行列，2012 年国家统计局数据显示，2010 年我国的民用汽车保有量达到 7801 万辆，其中私人汽车的保有量为 5938万辆，而 2021 年国家统计局数据显示，2020 年我国的民用汽车保有量达到27340.1 万辆，其中私人汽车的保有量为 24291.2 万辆。短短 11 年，民用汽车的数量增长了 250%，其中私人汽车数量翻了两番，所占的百分比也由 2010 年的 76.1% 增长到了 2020 年的 88.8%。根据我国第七次人口普查数据，2020年，我国人口为 141178 万人，由此可知，2020 年我国平均每千人中就有 193辆汽车。越来越多的汽车在城市间穿梭，为城市带来活力的同时，也给城市交通带来了巨大的压力。

2. 汽车文化

初步踏入汽车社会，人们感慨于经济的快速增长和人民生活水平的提高，汽车的使用，使人们的出行更加方便，然而在汽车的发展方面存在一些社会问题。人们不仅将汽车当作交通工具，而且逐渐将汽车作为财富标志，汽车也逐渐带有了享受性质，这开始背离了人们将汽车作为交通出行方式的初衷。由于汽车的普及，从而扩大了人们日常的生活范围，改变了人们传统的时空观念。从步行到马车再到汽车，随着人们活动范围的不断扩大，汽车的功能也逐渐多元化。汽车功能的不断更新，不仅能够快速吸引消费者的眼球，而且以品牌、舒适度以及娱乐来提高自身在市场中的竞争力。这使汽车产业正在向一个全新的方向发展，人们在经历了大量社会变革之下，重新定义了汽车的自身价值。美国学者詹姆斯·P.沃麦克将这种情况称为改变世界的机器。由于汽车的大量使用使人们的自然空间、心理空间以及社会空间得到了重新构建，人们越来越依赖于汽车，甚至在日常生活和工作中都离不开汽车。总之，正是由于人们对汽车的依赖度越来越高，使汽车餐厅、房车旅行这些和汽车相关的产业蓬勃发展起来。

汽车时代的到来不仅改变了人们的生活方式，而且造成了交通道路拥挤。尤其是在大城市，人们越来越难以体会到自由的交通出行，特别是在早晚上下班高峰期，道路拥堵问题十分常见，城市道路的建设速度远远赶不上汽车的增长速度。与此同时，政府通过不断制定新政策来控制汽车的出行，但这些政策却无法从根本上解决问题。为了缓解交通压力，仅仅依靠单纯的控制汽车数量，无法从根本上减少汽车过度消费和使用带来的交通问题。对汽车出行的限制，应通过对交通出行主体的教化，从根本上来解决。

（三）交通拥堵与城市管理

城市交通管理是城市政府行政管理的重要职能之一。从一些发达国家交通管理的经验可见，交通管理体制正在由分散走向集中，这些国家建立了职能集中的城市交通管理机构，从根本上解决问题从而实现了交通管理的集中统一。目前，我国的城市化进程大大加快，必须对交通管理体制进行全面改革，才能促进城市的健康发展。

目前，我国的城市交通管理可以分为以下三种模式：第一种是分散式管理模式，也称垂直领导、条块分割的管理模式。管理机构的责任主要表现为：城市交通运输局作为政府的重要组成部门，主要负责公路运输、公路和场站规划建设以及水路交通运输的行业管理。城建部门主要负责道路规划与建设。公安部门主要负责城市市区的交通管理与控制。其基本特征为管理部门较多，具有清晰的责任分工，这有利于细化管理。但是，部门之间的协调配合度大大下降，对运输市场的应变能力较低、行政效率较低并且服务功能相对较弱。

第二种是道路运输统一管理模式。管理机构较精简但是职能相对比较集中，从而实现了城乡交通运输管理一体化，在行政上提高了管理效率。在这种管理模式下，管理机构的责任主要表现为：城市交通运输局除了负责公路规划建设以及水路交通运输管理之外，还负责对城市公共交通、公路客运以及出租车进行统一管理。公安部门还负责相关的城市道路交通安全管理，但尚未建立城市综合交通管理体制，交通运输方式管理仍然处于比较分散的状态。

第三种是综合管理模式。在这种模式下，管理机构的责任主要表现为：城市交通委员会除了要对道路、水路以及出租汽车进行管理之外，还要对城市的内部铁路、民航等其他交通方式进行综合协调。其基本特征是将决策执行以及监督进行分离，可减少相应的管理层级，提高管理效率，降低成本，实现城市交通发展决策、执行以及规划的统一，为城市交通的全面协调可持续发展打下坚实的基础；可实现交通运输方式的协调和统一，整合城市内部的所有交通资源，有利于建立交通快速反应机制。

但是，目前我国城市交通管理体制还存在一些问题，无法适应城市交通的发展。尤其是在各个管理部门、各个行政层级之间，责权不清、管理不顺。有的是机构重叠，有的是管理部门众多，导致效率不高；也有的是政策不统一，城市公交与城乡交通发展政策不协调，不利于城乡经济的发展。所以，为了加快适应城市交通的发展，政府必须加快改革步伐，逐渐理顺管理体制与运行体制之间的关系，为城市交通的协调发展提供坚实的体制保障。

四、交通拥堵的治理模式

（一）交通拥堵及治理的层次分析

在城市发展的不同阶段，交通需求和交通供给的不同特性决定了交通供求关系的主要矛盾体现在不同的层面（徐东云、张妍，2009）。因此，解决城市交通拥堵问题需要从不同的层次来分析研究，处于不同层次的交通拥堵问题用不同层面的治堵思想来对待，城市交通拥堵表层和深层两个层次的特性与规律是不同的，如表2-3所示。

表2-3　城市交通拥堵的分层次治理框架

层次 内容	表层	深层
交通拥堵的来源	城市化早期，供需矛盾主要存在于城市交通系统内部	城市化快速发展期，供需矛盾主要来源于城市交通系统以外
影响因素	交通技术、地理因素、交通管理因素等	经济社会发展、政策、个体习惯、文化等综合因素
表现	轻度的常发性拥堵或偶发性的严重拥堵	严重的常发性拥堵
主要适用手段	通过交通工程技术、交通规划、交通管理等手段增加或改善交通供给	城市及城市群空间布局的合理规划、产业布局、制度与政策的完善，促进绿色出行等
目的	增加供给，使城市交通供给适应交通需求	控制交通需求，缓和交通供给与交通需求之间的尖锐矛盾

具体来说，影响城市交通供需矛盾的主要因素包括城市交通基础设施的供给水平、城市交通管理水平、城市交通的需求特性以及交通参与者的交通行为等。其中，城市交通基础设施的供给水平和城市交通管理水平属于表层，交通工程领域的专家学者对这一层面导致交通拥堵的问题进行了深入研究，并且取得了丰硕的成果；城市交通的需求特性以及交通参与者的交通行为属于深层，这个层面的交通拥堵问题在城市规划方面已进行了不少探究，主要集中在交通对城市空间、土地利用的相互影响方面，目前依然具有很大的研究空间。

（二）交通拥堵的治理模式与措施

当前，国内外城市在交通拥堵治理方面的模式主要有三种，即交通供给侧治理、交通需求侧治理和交通制度完善（徐东云，2009）。

1. 交通供给侧治理

在城市发展初期，交通基础设施尚未达到规模，交通领域的基础设施建设不完善成为影响供需关系的最主要原因。欧美国家很早就进入了汽车社会，交通设施建设也成为交通领域的基础性工作，注重提高交通基础设施供应量，提高交通网络容量。

增加供给并非单纯地增加道路基础设施，道路基础设施建设完成之后，充分利用道路网络设施能够在一定程度上缓解供需矛盾导致的交通拥堵现象。但是，随着道路建设程度的提升、机动车交通量的增加和道路交通基本达到饱和状态，有限的空间资源下可以利用的道路空间不断减少，为更好地解决交通拥堵问题必须采取交通结构调整和优化运输工具比重的方式，逐步提高道路交通的空间利用率。城市交通供给增加不仅需要注重交通规划的合理性，同时要满足时代发展的需求，将交通管理与智能化和网络化相连接，提高资源利用率，让稀缺的道路资源发挥出最大的效力。在交通系统管理方面，交通工程措施是常见的调整措施，采用智能交通系统可以实现对交通道路资源的优化配置，从而提高交通系统的利用率，对交通系统合理规划，以科学的决策为指导，提高道路交通应对突发情况的快速反应能力。相对于基础设施建设而言，智能交通系统投资小、作用大、起效快，可以更好地缓解城市交通拥堵现象，为快捷的城市交通提供保障。

在道路交通体系中采用科学的交通管理规划，结合交通工程技术的科学应用，增加交通系统的供给，从而改善交通拥堵状况，针对具体问题，还要从交通内部原因分析，寻找到影响交通的深层次因素并加以解决。一旦交通供给达到极限，也可以采用提高交通工程技术的方式来挖掘更大的潜力，将交通通行能力发挥到最佳状态。

2. 交通需求侧治理

交通基础设施得到了最大程度的利用后，而为了进一步改善城市的交通拥堵状况，要制定长期发展攻略，对城市空间结构和土地利用模式等进行重新优化组合，转变人们的出行理念和交通选择行为，从而降低交通出行的刚性需求，促使交通出行的供需关系达到动态平衡。早在 20 世纪 60 年代，新加坡就开始应用了交通需求管理策略。随着理论体系的不断发展与完善，70~80 年代交通需求管理（Travel Demand Management，TDM）逐渐成为交通管理的重要组成部分，并且在 80 年代后期出现了全面深入的 TDM 研究。交通需求管理主要采取法律法规、经济、工程等多种手段来改变行为特征，从而对交通行为的微观选择产生实质性的影响。交通工具迅速发展和更新换代，但是道路资源和交通供给是有限的，需要在两者的供需关系方面加以调整，优先发展节约土地和交通资源的交通工具，采取有效措施限制和逐步淘汰大量占用交通资源和土地面积的工具。交通需求管理模式以改善城市的交通拥堵为发展目标，针对交通行为从根源加强控制和引导，合理布局，对相对集中的城市交通进行疏散和分配，整合出行模式，确保城市交通体系的健康发展，突出建设规划的合理性，从而有效缓解交通拥堵。交通需求侧治理模式的核心理念是对人们的出行行为进行诱导性选择，从而解决交通供需关系不平衡的现象。

3. 交通制度完善

交通制度完善模式指出，政府机构应当对道路设施建设加以优化，提高基础设施的利用率，同时加强市民的交通守法意识，自觉遵守交通规则，减少违章行为，消除交通隐患，降低人为因素引发的交通拥堵概率。在该模式下，不仅要从立法角度加以管理，还要从转变出行理念、调整出行习惯等方面加以调整。

以上三种交通拥堵治理模式涵盖了几种交通治理的方向，包括交通与信息技术、交通政策和制度、城市设计、空间结构、土地利用等。本书对目前国内外交通拥堵对策的模式、内容、目标及预期效果进行了整理，如表2-4所示。

表2-4　交通拥堵对策的模式、内容、目标及预期效果

对策类型	对策	主要内容	目标及预期效果
提高城市交通供给能力	合理配置路网结构	不同等级道路比例合理配置；不同层次道路合理连接；道路功能结构合理配置，与周边土地使用相协调	提高网络整体通行能力与效率；道路功能定位与周边土地使用性质相匹配
	优化交通结构	优先发展城市公共交通，提供多样化的公共交通服务，建设一体化综合交通枢纽，实现多种交通方式的无缝衔接、"零距离"换乘；强化枢纽与周边土地一体化开发；建设完善的慢行交通系统	提高公交竞争力、吸引力和出行分担率；提高非机动出行分担率；鼓励和引导绿色出行，建设绿色、高效的综合交通系统
	完善停车系统	根据需求科学规划停车设施规模和布局；根据不同区域和时段，制定合理的停车管理策略，调控小汽车出行需求；加强停车执法和监督力度	满足机动化发展的合理停车需求；有针对性的停车管理策略既可以满足合理停车需求，又可以促进停车入位，减少路边停车
	完善交通管理	优化交叉口设计和信号控制，减少路口延误；完善标志标线，完善隔离设施；优化交通组织，根据交通需求特性，采取单行、限速等交通组织措施	提升交通秩序，提高交通安全性和通行能力

续表

对策类型	对策	主要内容	目标及预期效果
智能交通	信息采集与分析	建立完善的道路交通流信息采集系统并对信息进行动态分析	为信号控制、交通运行组织与管理相关决策提供数据依据和支撑
	智能信号控制	实现点线面的实时信号控制	使交通延误最小、通行能力最大、安全畅通
	交通信息服务	通过各种形式与平台提供实时、动态的交通信息服务	实现交通诱导、提高出行效率、减少交通拥堵、节约资源、保护环境
交通需求管理	建设交通负荷小的城市	通过规划设计生态城市单元，优化功能配置和土地混合利用，最大限度实现就近上班、就近上学、就近购物等	减少交通出行总量、缩短出行距离
	在时间上均匀交通流	"削峰填谷"，措施包括错时上下班、弹性工作制、限时通行等	分散高峰期的集中交通量、减少交通拥挤
	在空间上均匀交通流	通过诱导、管制等措施使路网上交通负荷均匀化，避免空间上过度集中	均匀交通负荷空间分布，缓和部分路段或区域的集中交通压力
	小汽车保有量和使用管理	通过限额制度和税费两方面控制小汽车保有量和使用，包括限购、限行、提高停车费和拥堵收费，以及鼓励绿色环保出行等手段	减少小汽车保有总量、减缓小汽车增长、降低小汽车出行分担率
	共享交通	交通工具的租赁与共享交通是一项减少小汽车保有量的有力措施，以租代购	降低小汽车保有量、提高车辆的使用效率
	加强交通工程设施	通过隔离护栏、减速设施、禁入设施、监控设施等规范交通出行者的交通行为	规范交通行为、提高交通安全性
	加强宣传、严格执法	通过不同方式的交通宣传提高交通参与者交通法规意识和交通文明程度；向交通出行者宣传交通法规、交通安全常识；通过多种形式尤其是案例分析警示交通出行者，提高交通出行者的守法意识和交通安全意识	促进良好交通秩序和守法意识的形成
支撑与保障体系	建立综合协调机制	建立由政府领导、有关部门参加的城市交通综合协调机构，为一体化实施解决城市交通问题提供保障	实现城市交通规划、建设、管理一体化的组织保障
	完善法规标准	完善相关交通法规、执行相关交通规范标准	有法可依、有标准可遵循
	保障投入	建立稳定的投资渠道，保证与经济发展相适应的交通投入	保证交通建设与研究投入

资料来源：陆化普（2014）、张钟允和李春利（2014）、吴肖等（2015）、何玉宏和谢逢春（2013）、李彬（2016）、李浩雄等（2014）、林雄斌和杨家文（2015）、张卿（2017）。

城市交通拥堵的原因分析及治理路径如图2-3所示。

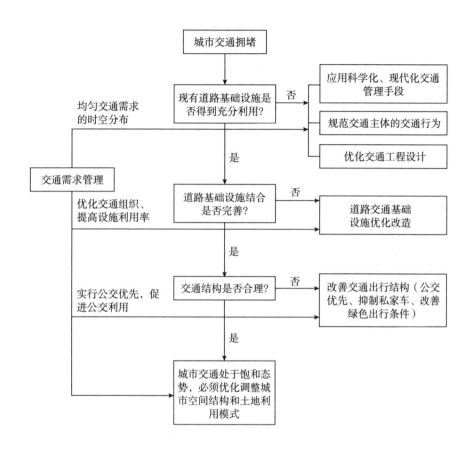

图2-3　城市交通拥堵的原因分析及治理路径示意图

（三）当前交通拥堵治理存在的问题

大城市增加交通基础设施供给的空间越来越小，已趋于饱和。即使依靠智能交通系统提高城市道路利用率，交通基础设施供给依然远远不能满足城市机动车出行需求巨大的绝对增量。因此，增加城市交通供给对于缓解交通拥堵的效果越来越有限，发展的空间也越来越小。

交通需求管理通过诱导人们的出行方式缓解交通拥堵，成为人们关注的重点。这种模式依赖于对城市空间的合理规划，否则不能有效诱导人们的出行需求。从国内外实践来看，卫星城、新城未能有效分散交通流。1915年，美国人

Taylar 提出了新城概念，也称卫星城，1922 年英国人 Unwin 使其得到了进一步发展。1924 年，被阿姆斯特丹国际城市会议列为限制大城市恶性膨胀的主要方法，卫星城的核心概念是分散城市中心过于集中的人口。然而，回顾国内外新城、卫星城建设的历史我们发现，单纯的卫星城在分散城市中心人口的作用上效果十分有限，也没有达到分散交通流的目的，即使后来具备了就业人口"职住平衡"的新城，其分流效果依然不尽如人意。这是由于和城市中心相比，新城缺乏反磁力，除了工作、生活，很多资源依然要依靠母城，如果新城与城市中心之间不能通过高效的公共交通设施进行有效连接，不但不会分离交通流，相反会增加交通流。

需求诱导和管制等交通需求管理措施需要以高科技手段为基础，在技术手段欠发达地区不能轻易地利用收取拥堵费等调节方式，因为落后的收费方式反而会加剧拥堵。另外，需求诱导和管制措施也容易引起社会公平方面的争议。

制度完善模式需要政府部门和各相关机构的高度协调和配合，就中国城市交通来说，涉及城市规划、交通基础设施建设、公共交通建设与运营管理、道路运输管理、立法执法、交通安全监督等多个部门；在交通层面以外，还需要市政建设、电力部门、通信部门、水利部门与交通主管部门之间有效沟通和高效的协作，这需要协调多方面的利益和关系，具有很大的挑战性。

国内外学者对不同城市交通拥堵的产生原因及特点进行了较为全面和系统的研究。学者从不同角度和层面提出了治理交通拥堵的建议，交通工程领域的学者提出应提高城市交通供给能力、完善智能交通系统管理；城市规划领域的学者提出通过设计和规划交通负荷小的城市来减少交通需求；交通经济学领域的学者提出通过经济手段优化分配交通资源和出行时间，控制汽车使用的外部成本；行为学领域的学者研究了微观主体交通出行行为；还有专家从制度保障方面探索了交通拥堵治理方式，取得了丰硕的研究成果。

城市交通拥堵是城市化和城市经济发展的必然产物，增加了城市运行成本，为城市居民出行带来不便，影响了城市化进程。目前主流的城市交通拥堵治理措施无论是增加交通基础设施供给、完善智能交通管理还是交通需求管理，抑或是着眼于在城市交通系统内部，当交通需求大于城市交通承载能力时，任何交通系统内部的治堵措施已经无济于事。这就是为什么国内外很多大城市一直在治堵，但久堵不治的根本原因。交通拥堵的产生并不仅仅是城市交通系统出现了问题，而是有着复杂的经济、社会、历史原因。因此，城市交通拥堵的治理不能简单局限于交通领域，而是一个应由政府、企业、监督机构、个体等主体共同参与，因时、因地制宜的综合性治理过程。从城市发展的角度来看，城市空间发展格局和扩展方式是交通流量和交通需求的决定性因素，不仅要从根源上减少交通需求，缓解交通供需矛盾，还需要进一步从城市空间角度深入研究。

第二节 城市空间与城市交通研究综述

一、城市空间早期理论研究

早期对城市交通和城市空间相关内容的探讨主要集中在地理学、社会学和经济学领域。地理学科关于城市空间问题的研究主要侧重于城市的物质空间和社会空间（唐子来，1997）。在经济学领域，与城市空间问题相关的研究主要集中在经济活动的空间聚集方面，即解决从哪里生产的问题。

1. 德国古典经济学派

德国古典经济学派最早针对交通土地利用的相关问题进行了分析，并且从区位优势理论入手进行了系列研究，为后续理论探索奠定了基础。德国古典经济学派的主要代表人物和研究理论包括 Webber（1909）的工业区位论、Thunen（1826）的农业区位论和 Christaller（1933）的中心地理论等。根据 Thunen（1826）的农业区位论，农业土地利用存在一定的区位特征，农产品消费地的运输距离对农产品的生产活动产生了巨大影响，而交通成为影响区位优势的决定性因素，他在研究中率先对生产、市场和运输距离之间的关系进行了分析，也最早分析了交通与区位之间的关系，但从内容上来看，相关研究过于理想化，对限定条件的要求过于严格。随后，韦伯在《工业区位理论》中指出，生产场所、消费场所和原料供应场所之间的运输费用、区位集散的利益状况和劳动费用支出直接影响区位选择。

1933 年，Christaller 提出了中心地理论，认为中心地体系的出现应当遵守交通原则、行政原则和市场原则。同年，他在深入研究的基础上对城市区位论进行了内容扩展，详细阐述了中心地的分布模式，由此，中心地理论基本成型，逐步成为对城市化相关研究的基础性理论。中心地理论为以"交通引导城市结构"为主的城市研究相关理论的提出奠定了基础。然而，Christaller 的中心地理论是在封闭性的静态系统中研究的，缺乏对动态变化的分析，忽略了系统与外界之间的关联，在中心功能的选择方面忽视了消费行为和人口密度等因素的影响，从而导致该理论与实际之间存在很大的差距。

早期的区位理论就已经认识到城市空间结构与交通之间的关系，并且重点研究了运输距离、交通费用等因素与城市空间之间的内在关联，唯一的不足之处在于相关研究是从静态的角度进行的。

2. 芝加哥经济学派

芝加哥经济学派的相关研究突出了城市空间活动中人文活动的重要性，并且将其作为交通在应用土地方面的外在表现，该学派的主要代表人物和研究理论包括 Burgess（1925）的同心圆模式理论、Hoyt（1939）的扇形模式理论、Harris 和 Ullman（1945）的多核心模式理论等。该学派认为，不同类型的土地对交通条件的要求存在很大的差距，从而形成以中心区为基础的经济地租递减曲线，并构成了同心圆的用地模式（Harold，1995）。在《美国城市居住邻里的结构与生长》一书中，Hoyt（1939）以同心圆模式为基础，进一步强调了城市空间发展过程中交通可达性的重要性。在城市交通可达性的影响下，空间结构可以形成扇形发展模式，充分体现了城市空间发展过程中交通因素的影响。Harris 和 Ullman（1945）在研究中以相关学者的理论为基础，指出城市发展的内部结构不仅包括 CBD 中心区域，还包括其他中心生长点，通过区域优势，从而借助交通需求构成了多核心的城市空间结构。芝加哥经济学派学者的研究重点放在了城市结构上，对城市人口发展状况和土地利用情况等进行了详细的分析，将交通可达性作为影响城市形态的重要因素，但是并未对交通主体进行客观分析。

3. 行为学派

行为学派出现在 20 世纪 60 年代，该学派将行为学理论与交通和土地利用状况结合在一起，将出行方式和个体选择作为主要研究对象，为非聚集模型的产生奠定了条件。Knight 和 Trygg（1977）对交通系统土地利用的情况进行了分析，并且指出土地可得性、区域物理特征、经济结构和土地利用政策等因素都会对土地利用情况产生深远影响。新经济地理学理论主要包括城市体系理论、核心边缘理论和区域贸易理论。Krugman（1998）从经济活动的空间聚集和区域增长两个方面进行了相关探索，对产业活动的区域空间分布情况进行了研究。

综上所述，早期的城市空间研究认识到交通对区位和城市空间布局具有重要的影响，重点研究交通因素（运输距离、可达性、交通费用等）对城市空间、土地利用、人口分布、产业区位的影响，但是城市交通被看作是城市的附属系统，它只是为了满足城市居民或货物位移的需要，把交通作为静态的、不变的因素考虑，实际上城市空间布局的演化对城市交通系统有重要的反作用，如城市空间规模和人口密度对交通方式选择的影响、土地利用对交通运行的影响等，而这些在早期的理论研究中并未涉及。

二、城市空间结构对城市交通需求影响研究

城市空间结构具有多个层面的内涵，其中单中心城市结构与多中心结构对交通出行影响巨大。在城市发展的理论与实践中，新城、卫星城、新城镇、有机疏散理论等，都可以看作是为缓解交通拥堵等大城市面临的问题而提出的城市空间分散布局理论（多中心理论）。20 世纪 90 年代以来，国内外学者对城市空间结构与城市交通之间的复杂关系进行了不少研究。

一些学者的研究结论认为，多中心城市结构不利于减少交通距离或时间，因而支持单中心理论。Cervero 和 Landis（1991）对旧金山湾区的就业中心分散前后的居民通勤距离进行了研究，随后 Cervero 和 Wu（1998）也对旧金山湾区的就业中心进行了研究，结果表明就业中心分散化增加了通勤距离和通勤时间。Naess 和 Sandberg（1996）对奥斯陆的就业中心进行了调查，发现工作地点与中心区距离增加，员工的平均通勤距离也随之增加。Jun（2000）、Jun 和 Hur（2001）对首尔大都市区新中心建设前后的居民平均通勤距离做了对比，发现新城居民的平均通勤时间普遍增加，通勤距离延长。Schwanen 等（2001）对荷兰的日常通勤类型进行了分类研究，发现潮汐型通勤系统需要承担更长的通勤距离，其原因在于居住—就业的空间失衡。Millen 和 Daniel（2003）对芝加哥就业

郊区化进行研究后发现，多中心的产生不仅没有减少城市交通需求，反而增加了居民通勤距离。丁成日和宋彦（2005）、丁成日（2010）研究发现，单中心结构有助于公共交通及公共交通导向型（Transit-Oriented Development，TOD）模式的发展，有助于实施现代化的城市交通管理；而多中心城市结构并不一定能够降低城市交通需求。Wu和Deng（2013）认为，一定规模下的单中心城市结构对建立TOD模式具有积极作用。

以上学者通过研究认为，就业的分散化或多中心结构没有达到职住平衡，致使城市居民通勤距离和通勤时间增加，因而提倡单中心城市结构，并主张通过高效的公共交通系统缩短出行距离。

另一些学者则是多中心论的支持者。Gordon和Wong（1985）对美国大都市区居民的平均出行距离进行调查研究，发现相对于单中心城市，多中心城市规模扩大并未引起出行距离的延长。Gordon等（1991，1997）运用区位论再对多中心缩短通勤距离的内在机制进行了解释，认为家庭和企业能够周期性地实现职住平衡，从而降低总交通量和减少平均出行距离。Giuliano和Small（1991，1993）对洛杉矶地区进行调查后发现，多中心的空间结构具有缩短通勤时间的潜力。邓毛颖等（2000）研究发现，随着广州的城市结构由单中心向多中心转变，中心城区交通量被吸引到新城区，交通状况明显好转。Bertaud（2003）认为，对于人口超过500万的特大城市，考虑城市聚集效益与集聚带来的交通成本后，多中心城市结构是最佳形态。陈雪明（2004）认为，多中心结构对于缩短出行距离有积极作用。马清裕等（2004）认为，向多中心城市结构转变是疏解大城市中心城区过度集中，解决中心城区生态环境恶化和交通问题的根本措施。万霞等（2007）通过研究全国17个城市的小汽车出行时耗发现，随着城市规模的扩大，多中心组团式结构的城市小汽车出行时耗趋于稳定，而单中心城市的小汽车出行时耗则增加。孙斌栋等（2007）、孙斌栋和潘鑫（2108）、孙斌栋等（2013）、孙斌栋和魏旭红（2016）认为，当城市发展到一定规模后，多中心城市结构有利于降低由于规模过度聚集带来的外部效应，随后通过对上海的实证研究，证明了多中心结构起到了提高通勤效率、疏解特大城市交通的作用。冯筱等（2011）以上海市为例，通过对上海市主中心和副中心的交通情况的调查，得出多中心城市结构有助于改善上海市的交通拥堵状况的结论。徐泽州等（2012）通过对全国36个城市进行样本分析，提出城市空间尺度超过一定范围，必定形成新的城市中心。小汽车平均出行距离超过 10 千米，公共交通平均出行距离超过 8 千米，将形成新的城市中心。何嘉耀等（2014）建立了允许职住分离、存在通勤成本的城市模拟模型，对不同形态的城市进行了模拟，展现了交通成本与区位特征对城市产业、人口布局的影响，结论显示，在多中心模式下，当通勤成本较高时，各中心可以形成各自的消费服务业中心；在单中心模式下，中心发展受限，可能自发形成多中心。黄承锋等（2015）提出，多中心组团与产业融合、空间布局近距离化，是减少交通需求的重要手段。另外，刘定惠（2015）通过实证研究认为，与单中心城市相比，内部职住平衡度较高的多中心城市，在减少居民通勤距离、提高城市通勤效率方面具有更大的优势。

综上所述，持单中心论的学者，其研究对象往往是受功能分区思想影响的城市——一些工业区迁出中心城区，通过功能分区将污染严重的产业与住宅、办公、商业和休闲娱乐等土地功能分割开——但是土地功能分区也带来了大量的长距离通勤交通流，通勤时间和通勤距离都更长。支持多中心理论的学者认为，随着城市规模的扩大，单中心城市结构的平均通勤距离延长，城市中心交通压力巨大，多中心城市结构能够缩短通勤时耗，分散城市交通量，尤其是对于特大城市而言，多中心城市结构有利于分散中心城区的交通压力，有利于职住平衡。多中心理论的支持者认为，当城市人口规模达到一定程度时，多中心城市结构在减少出行距离和时耗方面比单中心城市结构具有明显的优势。中国城市具有人口总量大、密度高的特点，因而国内学者大多支持多中心理论。

目前，无论是单中心还是多中心结论，对城市交通的影响研究主要是对国内外某些城市或地区的实证研究，各个城市的人口规模和密度、产业布局、交通结构等条件各不相同，得出的结论也不尽相同，如西方国家的城市人口密度低和出行方式依赖小汽车，在研究中只考虑小汽车方式。以往研究中的"交通需求"的评价标准只考虑交通需求单一的空间性或时间属性，如一些研究把通勤距离作为交通指标，另一些研究把通勤时耗作为交通指标，而忽视了交通需求具有时空双重属性。另外，通勤以外的交通出行没有考虑在内，得出的结论可能缺乏普遍意义。因此，城市空间结构对城市交通需求的影响尚需要更全面、更具有普适性的理论依据。

三、土地利用与城市交通相关研究

(一) 国外研究

从 20 世纪 60 年代开始，国外对交通和土地利用的相互关系进行了研究，20 世纪 80 年代，相关方法得到了发展与完善，也取得了丰硕的研究成果。从研究理论和研究角度分析，城市交通和土地利用领域的相关模型主要分为六种，分别是基于 Lowry 理论的模型、基于数学规划的模型、基于投入产出方法的模型、基于社会经济学理论的模型、基于微观模拟的模型以及其他类型模型。城市交通和土地利用相关研究领域的经典模型如表 2-5 所示。

表 2-5   国外经典的城市交通与土地利用一体化模型

类型	名称	代表人物及时间	概况	评价
基于 Lowry 理论的模型	利兹市土地利用与交通一体化模型（LILT）	Mackett（1990a，1990b，1991）	将人口、就业、零售（所有服务及非基础产业）的空间分布和土地利用融合于一个不断重复的迭代过程	采用简单的分配率（建筑面积率和活动率）分配人口到住处、住处到零售服务点和就业区是不准确的，且模型是描述性的，预测能力不佳
	土地利用与交通一体化软件包（ITLUP）	Putman（1983）；Salvini（2003）；Bilal 和 Eric（2012）		
基于数学规划的模型	项目优化土地利用信息系统（POLUS）	Caindec 和 Prastacos（1995）	将城市土地利用与交通的复杂问题用简单数学流程框架明确地表达，建立一系列反映居住、就业等关系的数学方程及约束条件，揭示土地利用和交通的关系	目标明确，预测能力强，应用较为广泛。但为便于求解，研究者往往对建模条件进行大量简化，在一定程度上降低了结果的可信度
	分区活动优化技术模型（TOPAZ）	Brotchie 等（1980）；Dickey 和 Leiner（1983）		
基于投入产出方法的模型	MEPLAN	Echenique（1985）；Hunt（1993，1994）；Hunt 和 Simmonds（1993）	使用多象限投入空间产出模型，把土地和交通系统当作市场的概念，建立在住房价格和交通费用之间的地租函数	基于经济学理论，其核心是空间非聚集的输入输出矩阵，该类模型可以评价经济外生变化的直接影响与间接影响

续表

类型	名称	代表人物及时间	概况	评价
基于社会经济学理论的模型	土地利用、交通与环境一体化模型（LUTE）	James 和 Kim（1995）	在城市系统模型基础上，将环境因素考虑进去，建立了土地、交通、环境的一体化模型	以社会经济学相关理论为基础，建立交通市场与土地市场的关系，如交通费用与地租之间的关系等
基于微观模拟的模型	交通、就业、居住的微观分析模拟（MASTER）	Mackett（1990，1991）	将家庭作为单元，进行归类。研究不同类型人群的住房、就业选择模式与趋向	模型中未包括非工作出行
	新居民居住交通和企业地点选择微观模型（URBANSIM）	Waddell（1998）		
	哈佛城市开发模拟（HUDS）	Kain 和 Apgar（1985）	利用概率原理在特定区域内随机调查研究不同类型人群的出行、就业、居住选择等	由于计算机技术的发展和应用，逐步得到重视
	基于日常活动模式微观模拟的区域规划模型（RAMBLAS）	Jan 等（2000）	利用 GIS 技术建立的、基于微观日常行为模式的区域规划模型	
其他类型模型	交通与区位模型（TRANSLO C）	Boyce 和 Lundqvist（1987）；Lundqvist（1989）	在瑞典使用交通区位模型	属于一元化模型
	计算机辅助土地利用与交通分析系统（CALUTAS）	Nakamura 等（1982）	在东京、名古屋应用交通选择与房地产市场模拟，建立城市交通与土地利用组合模型	

国外在交通与城市土地利用相关理论模型研究方面起步较早，并且已经取得了丰硕的成果。早期该领域的相关研究主要从区位和城市用地模式等方面进行定性分析，城市交通被当作研究中的影响因子。随着人们对城市交通的关注程度不断加深，城市交通的重要性日益突出，越来越多的学者对这一问题开始了深入探

索。研究方法不断推陈出新，数学规划法、空间投入产出分析法、微观模拟法和系统动力学法等相继出现。随着新技术和新研究手段的不断出现，交通与土地利用模型的多学科性开始显现。

国外交通与土地利用一体化模型的研究对象为城市巨系统，各个系统之间的功能复杂，细节繁杂，存在周期性长的特点，限制了模型的灵活性。如果将研究对象在更加普遍意义上的多中心组团式结构中应用，则要考虑如何优化模型类型以提高效率。此外，国外交通需求和土地利用相关模型研究以西方的特定城市为研究对象，相关结论与我国城市现实应用之间存在差异，比如传统居住区位模型中的效益最大化研究了交通费用、地租和货物之间的关系，需要满足在中心城区就业和一户只有一个人就业的基本前提。

交通与土地利用一体化模型的建设需要大量的基础数据，模型受到经济发展状况、城市交通现状和土地利用等多方面因素的影响，基础数据涉及的范围很广，为提升模型的可靠性和准确性必须进行大量的数据调查和统计工作。但是由于模型构建需要大量的数据来源，需要花费大量人力和资源成本，限制了一体化模型在发展中国家和其他欠发达国家的发展与推广。

（二）国内研究

国内在交通与城市土地利用关系研究方面起步较晚，直到 20 世纪 80 年代才开始出现并受到学术界的广泛重视，在交通工程领域和城市地理领域得到了广泛的应用。

在交通工程领域，相关学者对交通模式与城市规模和人口、土地利用情况的相关关系进行了分析。曲大义（2001）、王炜（2000）从可持续发展的角度对交通规划和土地利用之间的关系进行了分析，主要研究方向包括以下几点：城市用地结构与路网交通状态的相互关系、路网交通极限承载能力与土地利用的关系、城市向郊区发展对中心城区交通的影响、最佳土地利用模式探究、高度信息化背景下城市交通需求的特点和未来的发展方向以及住房制度改革后城市居民重组对交通的影响等。随后，曲大义在博士学位论文中对上述相关问题进行了更深层次的探索。过秀成（2001）在博士学位论文中对土地利用和交通系统之间的动态关系进行了详细分析，并且从三个方面提出了具体的模型，指出了具体的分析方法。杨明和王炜（2002）在研究中指出了传统研究手段的不足，并且建立了交通需求与土地利用的相关性模型，为获得最佳土地利用和交通系统匹配模式奠定了基础，也为提升交通需求的预测准确性创造了条件。葛亮和王炜（2003）对我国城市多中心发展格局现状进行了分析，并且从引力场理论的角度，探索了影响城市交通的界定模型，为深层次探索多中心城市空间布局创造了条件，也为城市交通与城市空间布局研究提供了量化指标。王炜等（2004）在《城市交通系统可持续发展理论体系研究》一书中对城市空间结构和城市交通领域的研究成果进行了分析，初步提出了城市人口—土地利用—交通模式理论体系，并以南京为例进行了实证性分析。陆化普等（2005）构建了总出行时间最小的城市土地利用优化模型，在特定城市经济和人口条件下应用。在研究过程中，他们从城市交通规划模型的角度提出了土地利用和交通系统循环求解法，为更好地发挥出交通效率的最佳状态奠定了基础，促进了交通系统和土地利用的一体化。杨励雅（2007）在博士学位论文中对土地利用和城市交通之间的关系进行了研究，并且对土地利用形态和交通结构组合模型进行了优化，深入探索了土地利用与城市交通之间的协调性评价关系。祝建军（2011）在研究城市交通规划目标函数的过程中引入了交通效率指标，以环境承载力和城市能源消耗水平固定为基础，构建了城市混合交通结构优化模型，为城市土地利用和空间结构模型的进一步优化奠定了基础。苏海龙等（2014）采用三阶段—双反馈法分析了我国的城市土地利用状况，研究结果显示，随着公共交通站点的覆盖范围增加，汽车的出行距离显著缩短。

在城市地理领域，相关学者对城市高密度开发背景下的交通体系与城市土地利用之间的关系进行了研究。阎小培（2002）对广州 CBD 进行了实证性分析，并对交通组织的基本特征进行了研究，从交通运输特点、交通流量和路网状况三个方面进行了分析，针对 CBD 的交通现状和土地利用方面存在的问题提出了解决的建议。毛蒋兴和阎小培（2002）从两个方面探索了我国城市交通系统和土地利用之间的关系，指出交通政策分析是解决城市交通和土地利用之间复杂关系的重要策略，尤其是在未来发展方面要制定出符合时代特色的交通政策。曹晓曙和阎小培（2003）对改革开放以来我国主要的经济发达地区交通网络的变化情况进行了分析，并在此基础上提出了城市空间结构的变化趋势。毛蒋兴和阎小培（2005）采用定量分析方法，结合 GIS 和 RS 空间技术对广州市的城市交通系统与土地利用之间的关系进行了研究。周素红和阎小培（2005a，2005b）则从城市外部状态和内部结构两个方面分析了城市的交通供需关系，还对广州的不同片区的居民在居住—就业过程中存在的空间组织模式的合理性进行了分析，提出要从社会、政府和市场等多个角度共同努力，为居住—就业空间格局的完善提供动力的建议。宋博和赵民（2011）通过构建城市模型，探索了城市拥堵的微观机制，研究发现，如果城市交通结构、出行的空间分布和出行发生密度不变，城市规模越大，拥堵就越严重。刘建朝等（2017）采用分位数回归，以我国 45 个拥堵城市为样本，实证检验了城市规模与交通拥堵的关系，结论表明，城市规模与道路拥堵成正比，城市道路面积与交通拥堵呈正相关关系，但道路里程与交通拥堵呈负相关关系。

另一些学者就城市空间演化与交通的相互作用进行了研究，研究结论主要表现在以下几个方面：交通方式的演进是导致城市空间尺度发生变化的根本性动力（叶亮，2007）；交通可达性影响居民和企业的选址行为，交通设施的建设时机和时序影响城市空间演化的速度和方向（王春才，2007）；城市交通决定城市空间的经济效益（刘露，2010）。城市空间对交通的影响主要体现在：城市空间规模影响交通方式的发展方向和发展速度，城市空间结构的变化影响城市交通系统空间布局（陈立芳、郑卫民，2007）；城市人口数量和就业分布引导城市交通的发展规模和交通方式的选择（王春才，2007）；城市土地利用状况决定了城市交通源、交通量、交通方式及交通路网的布局（王倩倩，2012）。徐东云（2009）在博士学位论文中提出治理城市交通拥堵与城市空间扩展的机理框架，利用计量分析理论对日本 47 个县的横截面数据进行了分析，建立了 System 联立模型，从计量角度发现，在解决交通拥堵的基础上再考虑产业和地价因素，即交通、产业、地价，不仅可操作性大大提高，而且和空间分布紧密联系。国内城市空间与城市交通相互关系的研究大部分停留在描述机理上，定量研究较少。

从研究领域的角度分析，交通和土地利用关系的研究主要存在于交通工程和城市地理两大领域。其中，交通工程领域主要研究的是如何采取有效措施提高城市交通系统的效率，并且从我国城市居民的出行特征和现阶段城市发展的阶段入手，深入探讨了城市人口、土地利用和交通系统发展之间的关系。城市地理领域对城市交通和土地利用关系的相关研究主要侧重于城市空间结构的分析，主要借助相关研究中 GIS 技术的应用揭示目前城市发展过程中城市交通和土地利用方面的协调机制。从研究方法的角度分析，现阶段，大多数的研究采用的是国外现有的模型和方法，缺乏研究的独创性。在城市交通需求和土地利用关系模型方面，我国学者是在传统四阶段交通需求预测模型的基础上进行了改善；对城市轨道交通与土地利用方面的相关研究将侧重点放在了价格变化方面，同时套用了国外的特征价格模型方法。在具体研究方面，特征价格模型的成立需要建立在大量数据的基础上，而现阶段我国的统计资料不全，获得对应的资料存在很大的难度。

第三节　时空分析与交通时空需求研究

一、时空分析相关研究

早期的一些经济学理论中包含了时空分析的思想。马克思在分析商品价值的过程中对经济活动中的时空关系进行了判断，指出人们的交通行为是在用时间换取空间。马歇尔承认时间因素对经济解释的重要性，同时认为其也是造成很多经济学研究中难题的根本原因。主流经济学在研究框架和研究假设中将空间概念和时间概念模糊化，因此无法客观反映现实世界（荣朝和，2014a）。新经济地理学代表人物 Krugman（1991）把交通因素引入到空间研究中，构建了模型研究经济活动的地理位置，但未涉及时间因素。随后有经济学家尝试在空间模型中引入时间因素，并将交通因素内化。Fujita 和 Thisse（2003）将随时间推移而变化的经济增长与属于空间现象的经济集聚放在一起研究，强调了交通条件的变化会提高技术和人员的流动性。Tabuchi 和 Takatoshi（2006）建立了双产业模型，将交通成本内化，认为通勤成本包含时间因素，并且对产业集聚和城市空间结构都有决定性影响。

近十几年来，国内学者以传统经济学理论为基础，逐步建立并完善了经济时空分析的理论框架。荣朝和（2011）首次提出了经济时空分析理论框架，认为交通运输是影响经济时空结构的决定性因素，是构建社会经济时空结构的基础，是研究经济时空结构的核心要素，并分析了时间与空间距离的相互转化关系，提出了时间距离的概念并建立了计算公式。此后，荣朝和（2014a）从时空经济层面，对时间价值分析、时空转换能力等概念进行了阐释，认为在经济研究中，时空分析应该发挥基础性作用，并指出衡量城市交通系统时空转换能力的核心指标是能在多大程度上压缩通勤圈内的出行时间与距离。荣朝和（2016）进一步补充构建了基于即期相对时间并结合经济时空场域的新一代分析框架，认为经济时空研究在空间尺度和时间尺度上存在"即期"和"现场"两个尺度的研究空白，经济学应放松理性经济人假设条件，将研究重点放在经济生活中的真实现象和真正过程。荣朝和等（2017）在时空经济分析框架下，对匹配概念进行了重新定义和系统化分类。时空经济框架为城际交通与区域、城市群、都市圈的相关研究提供了指导思想，在此框架下，荣朝和（2014b）、张元浩和荣朝和（2015）、郭文帅和荣朝和（2015）、李春香和荣朝和（2016）等对铁路发展、公共资源配置、产业政策等问题进行了研究，并取得了较丰富的成果。

二、交通时空需求相关研究

需求是人们对某种目标的渴求或欲望。需求的英文对应有 need，requirement，demand 几种解释。美国心理学家 Maslow（1943）在《人类激励理论》一书中提出了人类需求层次理论（Hierarchy of Needs），认为人类的需求从低到高分为五种，即生理需求、安全需求、社会需求、尊重需求和自我价值实现需求，这里的需求可理解为人类对不同层次追求的需要（need）。需求还有一种解释："由需要而产生的要求"，这与英文中的"requirement"含义接近。对"需求"最常见的理解是西方经济学中的"demand"，意为"人们购买某种商品或劳务的欲望和能力"（高鸿业，2011）。这里的需求是一个与"supply"相对应的经济学概念，这种需求是通过货币来实现的。由经济学概念衍生出的交通需求概念，是指在社会经济活动中，为了达到某种目标，人和货物在空间位移上有支付能力的需要。

交通工程领域对交通需求的研究着眼于人和物体的空间位移，强调交通需求的空间属性，经典的交通需求分析预测四阶段法包括交通发生与吸引、交通分布、交通方式划分和交通分配（邵春福，2014）。衡量交通量的单位是"人次"或"车次"，即以一定时间内通过某一截面的车流量为衡量标准，但忽视了交通需求的空间属性。另一个衡量交通运输量的指标是以"车千米""人千米"为单位。从度量单位可以看出，只是把交通需求作为一个空间概念，并且这个空间仅限于一维空间，认为交通需求是人在空间维度上的需求，而忽视了交通需求的时间属性。

社会学关于社会时空结构的研究对交通经济学具有重要启示，其中，Giddens 对空间的分析提出了区域化（Zoning）的概念，区域化一方面包括人们例行化（Routinization）的社会活动的特定空间范围，另一方面也包括社会活动的时间尺度（向德平、章娟，2003）。人们的交通需求正是属于 Giddens 所说的例行化的社会活动，因此交通出行活动也具有空间性和时间性两种属性。时间地理学代表人物 Harvey 和 Macnab 对人类四种交流模式的演进进行了分析，认为交通和通信促进了人类交流中的时间不一致性和空间不一致性，即时空距离化（Time-Space Distanciation）（荣朝和等，2017）。

社会学家和经济地理学家从各自的角度解释了交通需求同时具有时间性和空间性的双重属性。以往对交通需求的研究往往关注空间属性，对时间属性忽略或模糊化，具有一定的局限性。荣朝和（2016）定义的经济时空场域是人们在一定时空范围内进行实物、信息、价值交换或实施影响的特定模式，并且认为与交通可达性有密切的关系。交通出行需求的研究内容完全符合荣朝和对经济时空场域的定义及解释。近几年，一些学者对交通需求的研究开始突破交通工程领域，将其纳入时空经济框架下，吕镓欢（2017）建立了以城市时空消耗为目标的系统动力模型，从公共交通政策角度对城市交通拥堵治理进行了研究，认为提高公交分担率是解决大城市交通拥堵问题的首要对策。朱丹（2018）构建了时空视角下的交通拥堵治理分析框架，以天津市为例探索交通拥堵原因的微观证据，从理念、规划、运营构建三个层面提出了我国城市交通拥堵治理模式。李桦楠等（2018）基于空间经济理论对当前城市客运交通需求进行了分析，认为相关理论研究有待深入，应在实证研究的基础上强化模型的理论性，理论与实践还需要更加紧密，强化理论研究对实践的指导作用。

综上所述，时空分析框架的建立，为城市交通拥堵治理研究和交通需求相关研究提供了新的视角，突破了以往交通拥堵研究只关注单一的空间或时间的局限，为城市交通相关研究指出了新的方向。时空经济理论框架尚在完善中，以此为指导的相关研究成果较少，尤其是在时空经济框架下的城市交通拥堵和交通需求研究具有巨大的发展空间，理论和实践研究有待丰富。

第三章 城市空间与城市交通的交互关系

第一节 相关概念的界定

一、城市空间的相关概念

（一）城市

字源学对城市的解释："城，廓也，都邑之地，筑此以资保障也。日中为市，致天下之民，聚天下之货，交易而退，各得其所。"《管子·度地》中提到"内为之城，内为之阆"，"市"则是指进行交易的场所，这两者都是城市最原始的形态。《辞源》中，城市被解释为人口密集、工商业发达的地方（何九盈等，2015）。

一直以来，人们对"城市"的定义都是从经济学、社会学及地理学等角度进行的，从经济学角度来看，城市指的是占有一定面积，且经济活动及住户相对集中，私人企业及公共部门的发展与运行可产生相应的规模经济，属于连片地理区域；也有学者把城市定义为一个位于有限地域范围内的住房、土地、运输及劳动力等多种经济市场彼此交织在一起的网络系统；从社会学角度来看，城市可以理解为有地理限制的、具有某些特定的社会组织形式，其主要特征表现在人口众多、居住密集，且有一定的特殊性质；从地理学角度来看，城市是地理位置相对较好、交通便利、环境良好，且有一定面积的人口及房屋密集的结合体；在《城市规划基本术语标准》中，城市被定义为：以非农业产业及其相关人口的聚集为最大特定的居民点。城市是指经济活动在有限的空间内集中的一个过程，包含了时间、空间、政治、文化、经济等多个方面的综合概念（王晓荣、荣朝和，2014）。

根据以上从各个角度对城市的定义，可归纳出城市具有以下三个特点：空间有界、人口集聚、交易市场。

城市发展，一方面要扩展城市空间规模，增加人口数量；另一方面要完善城市网络体系及其相关机制，创新演变城市功能。从世界城市发展的历程来看，城市可分为以下四类：一是集市型；二是功能型；三是综合型；四是城市群。其中，集市型城市指的是周边农业生产者及手工业者进行商品交易的聚集地，其涉及的商业类型有旅馆、餐馆以及交易市场等。功能型城市是指以开发利用自然资源的方式，重点发展优势产业与独特产业，使其具有不同于其他城市的功能，同时具备生产与交换商品的功能，该类城市一般包括工业城市、旅游城市等发展方向较为明确的城市。综合型城市较之其他三类城市，优势更为明显，如地理位置优越、产业优势突出等，经济功能也趋向多样化，金融、贸易、文化、娱乐、服务等功能都能在此获得较快的发展，城市凝聚力较强，能吸引大量人口迁移并定居于此，通常是国家或者国际上的经贸中心。城市群或从本质上来说，已不仅是一个城市的体现，而是由一个中心城市和若干个中小型城市共同构成的城市群。这些城市之间关系紧密，比如日本的东京、大阪与名古屋，英国的伦敦与利物浦等城市带。国内有围绕上海发展的长江三角洲城市群，还有在最近几年，一体化发展相当迅速的京津冀城市群，这些城市群总体的经济功能已得到了充分的体现。本书将综合型城市作为研究对象。

（二）城市空间

在地理学上，城市空间被视为城市聚落的物质空间形态。换言之，就是城市所占有的地域空间。有关城市空间发展的研究大多集中在城市体系及其土地的利用结构上。社会学则较为注重城市空间的社会属性，也就是社会阶层、邻里以及社区组织等。经济学的研究重点在于城市的经济活动范围及其具体内容，而经济空间的范围往往超出城市的地理空间范围。另外，还有生态空间、数学空间等。本书提及的城市空间指的是城市的地理空间，主要研究其物质要素在地理空间上的尺度。

（三）城市空间结构

Foley（1964）和 Harvey（1975）均基于时间、空间两个维度来阐述城市空间结构的定义，指出城市空间结构不仅是自然因素与人类生产、生活等活动之间彼此作用获得的产物，还是一个历史发展的过程，其概念特性既具有空间性，又具有时间性。相比于 Harvey（1975）的观点，Foley（1964）更强调城市空间结构的时间性。Bourne（1982）结合系统论对城市空间结构提出了自己的看法，他认为城市空间结构既包括其中的各个构成要素，还包括这些要素之间的相互作用力。陆大道（1995）认为，空间结构指的是社会经济实体在一定的空间作用下，逐渐形成的空间聚集程度及形态。该说法反映了整个社会经济客体的空间作用力，研究重心也集中在空间层面上的聚集与扩散。顾朝林等（2000）指出，城市空间结构是以空间为切入点，对城市形态及其相互作用网络在客观理性的组织原理下的表达方式进行了探索，发现城市空间结构与其形态之间是彼此作用与影响的关系，前者会对后者带来直观的影响，而后者又会约束前者。城市空间是人类主要的聚集场所，是由居民、政府、物质实体空间以及各种社会组织共同组成的，反映社会、经济及文化在某一阶段的发展情况。不但全面阐述了城市空间结构的概念，更有效地揭示了城市空间结构与其形态之间存在的关系。谢守红（2004）以 Foley（1964）和 Bourne（1982）的观点为基础提出了"城市空间组织"观点，认为城市空间结构指的是城市内多种要素在空间位置上的关系及其不断演变所体现出来的特征，是城市在不同发展阶段的空间反映。作为特定地域范围内的空间实体，其所包含的各种要素与功能活动均是以一定的空间秩序彼此联系在一起形成的空间结构。城市空间形态指的是城市所涵盖的各要素共同组合后的表象特征，城市空间结构正是这种空间分布的内在关系定式，两者之间是现象与本质的关系。韦亚平和赵民（2006）结合 Bourne 对城市空间结构的定义，进一步提出了更为广泛的空间结构，即"城市与区域空间结构"，是指社会经济活动在一定空间内的非均质分布，在时间轴来看，不难发现若干经济社会活动的区位选址决策必定会导致空间结构的变化，其内部的各种要素都会随之变化，唯一保持不变的是空间尺度。

在城市地理学领域，许学强等（1996）在研究城市内部的空间结构时，明确了研究对象：城市形态及其土地的利用情况，或者将其称为功能分区；如今的城市地理学不仅包括对城市土地利用的研究，还包括其内部市场空间、社会空间以及感应空间等。柴彦威（2000）认为，城市的内部空间结构不仅是人类活动及功能组织在特定地域内的投影，更是该地域内各种空间的组合状态；他还将城市的空间结构等同于城市的内部空间结构。顾朝林等（2002）指出，城市内部空间结构是社会各要素之间的相互作用以及在一定地域范围内的空间反映，是当代城市地理学的主要研究内容。朱喜钢（2002）提出，城市空间结构分为内部空间结构和外部结构两个层次，且应从整体上来分析城市地区，其中包括城市的中心地区、郊区卫星城和周边的乡村，那些人们通勤范围内的其他城市的居住点、工业点等也可视为城市地区的一部分，总的来说，可将城市中心地带的建成区视为其内部空间结构，而郊区的卫星城等则视为其外部结构。以上几位学者均重点指出了城市边界，并一致认为城市结构可进一步划分为城市的内部空间结构。

周春山和叶昌东（2013）总结了我国城市空间结构的现有研究结论，并指出大部分研究的重点都集中在物质、经济、社会以及生态四个空间层面上，且基于此将研究分为三个阶段：一是起步期（20世纪八九十年代）；二是积累期（20世纪90年代中期到21世纪初）；三是多元化时期（21世纪初至今）。每个阶段的研究重点有所不同，如图3-1所示。

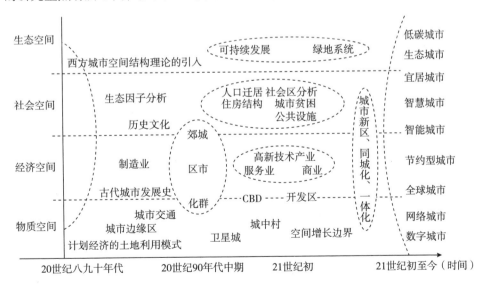

图3-1　中国城市空间结构相关研究主题及年份

资料来源：周春山和叶昌东（2013）。

综上所述,对城市空间结构的认识如下:首先,城市空间结构是由自然环境及人类活动共同构成的,其中不仅涉及物质实体要素,还包括社会、经济、文化等多种非实体要素。前者是后者的物质基础,后者又可以对前者产生一定的作用与影响。其次,可从时间、空间、静态现象、动态特点以及功能组织形式等多个方面对城市空间结构进行全面的认识与理解。再次,城市空间结构的发展具有以下特点:历史性、阶段性、相对稳定性以及适应性,并随着时空的变化而发生相应的改变。最后,城市空间结构是一个复杂体系,是经济、社会等结构在空间层面上的折射,是经济社会得以存在并不断发展的空间形式,包括特定范围内各种物质的实体特点,如各类实体的密度、布局等。综上可知,城市空间结构的构成较为复杂,除了基础的物质要素之外,还涉及其他非物质要素。本书主要对其物质要素的空间分布情况进行研究,包含城市人口、基础设施以及土地使用功能等。

(四)城市功能

城市功能也称城市职能,其主要是指城市机能或能力,这种能力往往是由城市内各项结构性因素决定的,是城市在特定范围内的政治、经济、文化以及社会活动的作用及影响力,其在很大程度上揭示了城市的个性特点。城市实际上是由若干个子系统共同构成的有机体,其发展的基础正是源于功能的多元化。城市功能的影响因素主要有以下三种:一是自然条件,这是形成并发展城市功能的首要前提;二是城市的经济实力及支柱性产业;三是行政区划。根据不同的功能,城市可分为工业城市、科技城市、交通枢纽城市、旅游城市等多种类型。城市功能分区主要有居住区、商业区、工业区、交通及仓储区、市政与公共服务区、风景游览区与城市绿地、特殊功能区等。

(五)城市形态

《辞海》将"形态"一词解释为:形状与神态,同样也指在特定条件下,事物的表现形式。空间形状是客观存在的、物质的,而神态则需要人们用心去感受,属于精神层面的,所以空间形态具有物质和精神两种属性(周春山,2007)。亚历山大·卡斯伯特(2011)认为,城市形态充分反映了城市的聚集、产生、发展、形式、结构以及功能。

城市形态的概念分为狭义和广义两种,其中,狭义的城市形态是指有形的城市形态，比如城市区域内的布点形式、用地的外部几何形态、各种功能地域的分布格局以及建筑空间的面貌等；而广义的城市形态不仅包括有形的城市形态，还包括无形的城市形态，比如城市的经济、社会、文化等无形要素在空间上的分布形式、社会精神面貌、社会分层现象、社区的地理分布特征以及因此产生的城市生态结构等。总之，城市形态是反映城市从无到有的一个过程（凯文·林奇，2001）。本书的研究对象是有形的城市形态。

二、城市交通的相关概念

（一）城市交通

广义上的城市交通指的是满足城市居民进行各种生产及生活活动所需的输送活动，不仅包括地面及地下的道路交通，还包括空中及水上的运输方式；具体来说，包括车辆运输、人力运输、航空运输、船舶运输，除了常见的交通工具及行人停驻（静态交通）的内涵之外，还包括动态交通的内在含义（韩凤，2007）。城市交通的含义本质是满足城市居民及货物运输所需的各种连通方式及设备，如城市路网、轨道、桥梁和各种交通工具。就其服务的对象来说，主要有两大系统：一是城市客运交通；二是城市货运交通。服务内容则涉及了多个方面，如城市交通的规划、基础设施的建设、运营管理、规范、技术标准、车辆的购置及配备等。影响其发展的因素涉及多个领域，如自然、社会、经济、政治、军事和文化等领域（王春才，2007）。

（二）城市交通系统

城市交通系统由以下三个子系统构成：一是城市运输系统；二是城市道路系统；三是城市交通管理系统，如图3-2所示。其中，前两种系统属于交通基础设

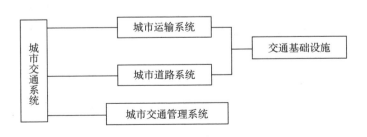

图3-2 城市交通系统的构成

施，与城市空间结构及土地的利用情况有着直接且密切的关联，第三种系统则是城市交通系统的核心，其可有效保证城市交通系统的高效运转，与现行的管理政策及规定息息相关。

（三）城市交通组织的范围

若按照城市交通源及其支流的分布性质来进行划分，城市交通有以下两种：一是城市对外交通；二是城市内部交通，其中，前者是以城市为基础单元，通常是一个城市和其他城市之间的交通联系；后者则是城市内部各交通要点之间的联系（杨涛，2006）。还可进一步将其分为客运交通与货运交通两种。客运交通不仅是一个城市的交通主体，也是最容易发生矛盾与问题的部分。每个城市都是根据自己现有的交通方式来划分客运分担关系，最后形成独有的客运交通结构模式（郑祖武，1994）。

（四）交通模式与交通结构

城市交通模式与人口密度、经济发展水平、用地布局以及社会环境等均有较大的关联。对于城市整体来说，城市交通体现了其实行的发展战略，是对不同时期交通方式的抽象总结。

交通结构是指城市各种交通方式承担出行量的比例。它反映城市居民出行采用各种交通方式所占的比例。根据研究目的的不同，可以选取不同内涵的城市交通结构，主要包括：基于出行目的的交通结构，如通勤交通结构、全日的交通结构；基于出行时段的交通结构，如高峰小时交通结构；基于出行方式、乘行方式和客运方式的交通结构；基于度量方式的交通结构，如基于出行量、乘行量和客运周转量的的交通结构。

（五）交通供需

交通需求是指社会活动所提出的对交通设施和交通工具的需要，包括人和货物的空间位移两个方面，交通需求的影响因素包括交通量、交通结构、出行距离、出行空间分布等。交通需求从主体来划分，可分为货运需求与客运需求两大类；从空间范围来划分，可以分为城市交通需求和跨区域交通需求。城市交通需求是在社会经济活动中，为了达到某种目的，人和货物在空间位移上的有支付能力的需要。由此可以看出，城市交通需求的主体是城市中的人和货物，构成交通需求的两个必要条件是实现位移和具有支付能力。

通过对相关概念的梳理和解析，结合本书的研究目标，确定本书的研究范围为：综合性城市内部的地理空间结构及内部物质要素的空间分布对城市客运交通需求的影响机理。

三、城市交通与城市空间的交互关系框架

城市交通与城市空间的演化有着极为复杂的关系，一方面，城市空间结构演化对城市交通提出了更高的要求与标准，且为后者的发展打下了一定的基础；另一方面，城市交通设施及交通方式的不断发展与变革又影响了城市空间结构的发展。特定的城市交通模式使土地使用及城市空间结构呈现出了相应的特征，但后者变化又会反过来作用于城市交通模式。

图3-3演示了城市交通与城市空间演化的相互影响机制，揭示了两者之间的

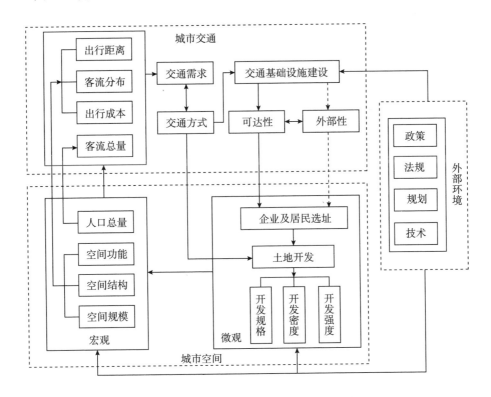

图3-3 城市交通与城市空间交互关系框架

资料来源：笔者自绘。

交互作用关系。第一，基础设施建设与交通方式以可达性和外部性来影响居民及企业的选址；第二，居民与企业的微观决策会对城市空间结构的总体布局产生影响；第三，城市空间结构的演化会直接影响城市出行距离、客流分布和出行成本等交通需求特征及其选择的交通方式；第四，空间结构的演化使交通需求不断增长，进而实现城市交通更高层次的发展；第五，政策、法规、城市规划和技术也对城市空间和城市交通具有重要的影响。

第二节　城市空间规模与城市交通的动态推拉作用

一、交通工具发展对城市空间规模的推动作用

在城市发展进程中，交通方式的每一次变革都对城市空间发展产生了深远影响，交通方式的发展与进步扩大了城市居民的经济活动范围，极大地推动了城市空间规模的扩展。

（一）城市交通方式的类型及特征

城市交通方式可以分为以下几种类型：非机动方式包括步行、畜力、自行车；机动车方式包括摩托车、小汽车、公共电汽车（常规公交）和轨道交通。主要交通方式的基本运输特性如表3-1所示。

表3-1　主要交通方式的基本运输特性

交通方式		运量（人/小时）	运输速度（千米/小时）	运输特点	适用范围
城市内交通	自行车	2000	10~15	方便灵活、无污染，短距离内可达性好	适用于5千米以内的出行
	小汽车	3000	40~60	方便快捷、可达性好，能耗高、污染大，运量有限	使用距离范围较广，适合分散化、低密度的城市发展模式

续表

交通方式		运量 （人/小时）	运输速度 （千米/小时）	运输特点	适用范围
城市内交通	常规公交	6000~9000	16~25	经济、单位能耗低、运量大	适合长距离出行
	轨道交通	10000~60000	20~60	运量大、清洁、高效、安全、环保	适合长距离出行
城际交通	小汽车	1000~3000	100~200	出行自由，受恶劣天气影响，能耗和环境污染大，单位载客率低	适合中距离出行
	高速列车	15000~60000	200~350	建设运营成本较高，舒适安全污染小，安全	适合中、远距离出行
	磁悬浮	10000	400~600	建设运营成本较高，制动速度快，爬坡力强，运量相对较小，不便扩容	适合中、远距离出行
	飞机	1500~6000	250~1500	建设运营成本较高，机场占地面积大，受天气影响较大	适合远距离出行

从最初以步行、马车为主的交通方式，逐渐发展到自行车、有轨电车，到如今广泛使用的小汽车、常规公交以及轨道交通等，都深刻地影响着城市空间的规模及形态。

通常情况下，城市居民每次出行都会有一定的时间预期，也可将其称为可容忍时间，单程交通最多容忍半小时，特大城市的时间预期可能会更长，如果单程出行时间超过半小时，大多数人会倾向于避免此类出行。由此可见，城市交通方式的速度在很大程度上决定了市民的出行距离，进而限制了城市建成区的规模。人们从市中心出发，乘坐城市的主导交通方式，在30分钟内可以达到的距离，即为居民可接受的居住范围。城市的空间规模不仅是由居民的居住距离决定，更会因为交通方式的变化而产生一定的变化。简单来说，一种交通方式的运行速度越快，其对应的城市空间规模就越大。具体如表3-2所示。

表3-2　不同交通方式运行距离与理论建成区面积

交通方式	步行	自行车	常规公交	轨道交通	小汽车
平均运营速度（千米/小时）	4	15	16~25	25~60	40~60
半小时行程距离（千米）	2.0	7.5	8~12.5	12.5~30	23~30
以半小时距离为半径计算的建成区面积（平方千米）	13	180	200~490	490~2830	1260~2830

资料来源：毛炜等（2004）。

Newman 和 Jeffery（1996）对交通系统作用于城市空间形态的影响进行了深入的研究，他们将城市的空间形态分为三个阶段：第一个阶段为传统的步行城市；第二个阶段为公共交通城市；第三个阶段为汽车城市。Adams 等（1999）则进一步研究了自 19 世纪以来，北美城市的交通情况其及发展状况，结合不同的交通方式及路网设施，将城市交通的发展里程分为以下六个时期：一是步行时期；二是马车时期；三是有轨电车时期；四是休闲工具时期；五是高速公路时期；六是环路及郊区中心时期。

在以步行及畜力车为主的交通发展时期，城市居民的出行速度受到明显限制，活动范围狭小，城市空间规模也相对较小，人口密度较大，用地相对紧张。因而，该交通方式在很大程度上阻碍了城市空间的扩张能力。当时的城市半径（指的是人在一小时内可以达到的距离）在 4 千米左右；19 世纪，英国伦敦的交通方式是公共马车与有轨马车，其城市半径大概是 8 千米。后来，随着铁路、火车等交通方式的出现，城市交通的运载能力及速度得到了明显提升。20 世纪，市郊铁路、地铁以及公共汽车开始兴起，城市半径增加到了 25 千米左右，城市空间规模的扩张因此出现了前所未有的变化，城市空间逐渐沿铁路、电车轨道慢慢向外扩展。20 世纪末期，人们主要依靠小汽车出行，城市半径为 50 千米；选用快速轨道这一交通方式出行时，城市或城市群半径可扩展至 100 千米。无论是人们的经济活动范围，还是城市的空间形态，都朝着区域化的方向不断发展。相比于早期的步行及马车，这种扩张速度与规模都极为显著。

（二）城市交通方式的演化过程

西方城市在初建期，交通方式比较落后，城市居民主要是以步行和马车作为日常的通勤方式，形成了所谓的"步行城市"，交通速度非常有限，通常低于6千米/小时。1850~1880年，费拉德尔菲亚城市居民工作出行中有80%以上的人是靠步行。英国、法国的城市早在16世纪就有带篷的双轮轻便马车、轿式马车、两轮车等。但是，当时的马车主要供达官贵人使用，属于私人交通工具（梅兰，1996）。就城市公共交通而言，英国于1829年在伦敦正式开始使用马车作为城市的公共交通工具，这种马车共有22个座位，由三匹马来牵引；1831年，第一个机械制动车"哈姆库克"蒸汽牵引车出现；1832年"斯提哥"四轮马车公司成立，公共汽车开始使用许可证；1850年，顶部安有座位的新型公共马车在伦敦开始使用；1856年，伦敦公共汽车公司成立，正式开始营业。[①] 这些交通方式与城市初建期的规模是相对应的，同时，这些交通工具的发展，推动了城市空间的扩张。但是，在工业革命引发城市快速发展之前，西方城市中的主要交通方式还是以步行和马车为主，这种交通方式的局限性决定了城市空间的规模不可能很大，城市空间的演化速度也不可能很快。

18世纪下半叶，受第二次工业革命的影响，西方城市进入了快速发展阶段。1776年，瓦特制造出第一台有实用价值的蒸汽机，蒸汽机的使用和铁路的修建极大地促进了城市交通的发展。新的交通方式不断出现，从步行、马车到电车、汽车，再到火车和地铁，城市交通的迅速发展，引起了城市人口急剧膨胀和城市规模的不断扩张；私人小汽车的大量使用，让人们的出行更加便捷、快速和自由，进一步促进了城市空间的扩张。

19世纪后期到20世纪初，西方的城市交通开始出现较大的发展。1863~1914年，英国的城市就建立了较为完善的公共交通系统，从最初的公共马车和有轨马车，到20世纪初的有轨电车、公共汽车，城市交通方式不断改进和优化。1863年，伦敦建成了世界上第一条地铁，并在1907年形成了电气化的地铁网络。第一次世界大战后，伦敦地铁线路先向郊区15千米以外延伸，后又延伸至更大的范围。1988年，地铁线路从北到南约32千米，东西约56千米，共有9条线路，总长度达385.8千米。1986年，伦敦市内公共汽车有700辆，公共汽车线路长度达4345.2千米，地铁500多辆，出租车达到了约15000辆（王春才，2007）。

---

① 参见《国内外城市交通基础资料汇编》。

在美国，1868 年纽约建成了第一条高架铁路；1897 年美国第一条地铁在波士顿竣工并投入运营；1904 年，纽约的地铁也开始运营；20 世纪初，美国的城市建起了高架、地面、地下混合的城市交通网络。美国自 1916 年国会通过《联邦援助公路法》以后，大力改善公路质量、修建高速公路。1970 年，美国的公路里程就达到 474.1 万千米，形成了方便、快捷的公路交通网络。1908 年，福特研制出了适合大众使用的灵活、方便、价格低廉的小汽车，很快成为美国人的主要通勤工具（孙群郎，2001）。道路网络的改善和小汽车的普及对美国城市空间的演化产生了深远的影响。城市内交通条件的改善，极大地推动了美国城市规模的扩大。具体如表 3-3 所示。

表 3-3　1900~1970 年美国公路里程和机动车数量

年份 交通条件	1900	1910	1920	1930	1940	1950	1960	1970
公路里程（万千米）	—	32.8	59.4	111.7	220	312.1	411.5	474.1
汽车总量（万辆）	0.8	46.9	923.9	2674.9	3245.3	4916.1	73868.9	10840.7
卡车数量（万辆）	—	1.1	110.7	367.4	488.6	859.9	1191.4	1874.8
轿车数量（万辆）	0.8	45.8	813.1	2303.4	2746.5	4033.9	6168.2	8927.9

资料来源：王炜等（2004）。

无论是国内还是国外，在城市发展期，城市交通都表现出快速发展的趋势。与城市初建期相比，城市交通的总体水平发生了巨大变化，交通方式及规模均实现了新的突破，且与城市空间的演化彼此作用，主要表现为一方面受城市空间扩张的影响，另一方面进一步加速了城市空间的扩展。因此，利用城市交通的发展来推动城市空间结构的演变，已成为当今城市交通发展的主要趋势。

二、城市空间规模扩展对城市交通的拉动作用

（一）城市空间规模对交通总量、出行距离及交通方式选择的影响

城市空间规模对其交通总量具有巨大影响。城市空间规模不断扩大，人口不断会聚到城市，人口规模也会随之增大，城市经济活动更加复杂，城市人口的出行总量也会不断增加。一般来说，在人均出行次数基本不变的情况下，城市空间规模和城市交通总量呈正相关关系。因部分特殊原因，也可能会存在城市人口并未增加，但其内部空间却不断向外扩展的现象，然而，一旦空间规模得到了扩展，人们的出行距离将会随之增加，同样也会导致交通总量的增加。我们可以得出这样一个结论：城市空间规模与城市交通总量呈正相关关系，这种关系是普遍存在的，城市空间规模的扩展必然会影响城市交通系统。

城市空间规模对居民出行距离具有重大影响。居民出行距离与城市空间规模呈正相关关系，城市在经历了快速发展阶段后，城市空间规模迅速扩大，居民的出行距离也随之大幅增加。这是因为，居民出行距离由出行的起止点之间的距离决定，在城市发育初期，城市空间规模较小，用地和功能比较紧凑，因此出行的起止点之间的距离也较小，随着城市空间规模的扩大，功能布局相对更分散，居民出行的起止点距离必然增加。

城市空间规模对出行方式的选择具有重要影响。不同的交通方式适合不同规模和人口密度的城市。可以根据城市空间规模和人口密度把城市划分为四种不同的类型，如图3-4所示。

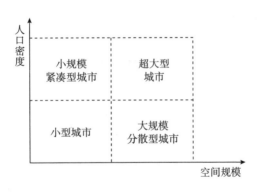

图3-4　城市类型划分

对于空间规模小的城市，无论是紧凑型还是分散型，居民的出行距离都较短，非机动交通方式结合地面常规公共交通就能较好地满足居民的日常出行需求，当人口密度达到一定程度，常规公交不能满足出行需求时，可以发展大运量的公共交通系统。对于部分人口密度大、空间规模更大的超大型城市来说，其交通发展的重点在于创建以轻轨、地铁及大运量地面公交系统为主的交通系统。

对于大规模分散型城市，较低的人口密度和分散的布局不适合大容量快速交通，因此，这类城市在发展普通公交的同时，往往小汽车出行方式会占主导地位，如洛杉矶被称为"车轮上的城市"。与洛杉矶形成鲜明对比的是，国际级的经济、金融、艺术、传媒中心，美国第一大城市纽约，从人口密度和城市规模来看都是典型的超大型城市，在纽约，公共交通无处不在，地下错综复杂的地铁网和连接市内外的公交路线形成了强大的公共交通网络，人们可以通过换乘到达想去的任何地方。

（二）城市空间规模扩张拉动交通方式进步和基础设施发展

交通工具的发展极大地推动了城市空间规模的扩展与演化，当城市规模扩展到一定阶段，旧的交通方式不能满足人们在城市空间的经济活动需求时，会反过来拉动新的交通方式和交通设施的发展与建设。

在中国古代，在城市交通方式上，据记载，商朝就有了"车马"和"舟船"等交通工具。唐代已有公共交通车辆，当时称之为油壁车。到了南宋，京城临安（今杭州）的这种油壁车有了新的改进。车身较长，上有车厢，厢壁有窗，窗有挂帘，装饰华美。车厢内铺有绸缎褥垫，很是讲究，可供六人乘坐观光，这是我国最早的市内公交车（庄林德、张京祥，2002）。在19世纪末到20世纪初，我国大多数城市的建设刚刚起步，整体空间规模较小，人们出行的交通方式还是以步行、人力车及畜力车为主。这不仅是因为当时的技术水平有限，还因为在客观上适应当时的城市空间规模，20世纪30年代，城市空间规模明显扩张，交通方式也慢慢向公共汽车、有轨电车等方向发展。1924年12月，北京第一条有轨电车线路通车，从前门到西直门全长9千米，共运行10辆有轨电车，这成为当时北京城内的主要公共交通工具；1930年，营运线路发展到6条，总长39.8千米；1935年，运营车辆增加到96辆（其中机车66辆，拖车30辆）；中华人民共和国成立前夕，另有人力三轮车21500辆，客运马车60辆，人力车1400辆；1956年，公交车发展到885辆，同年，无轨电车试验成功；1966年，北京市公共电车、汽车达1582辆；1969年，北京第一条地铁线路通车，全长23.6千米，并于1971年正式运行；截至1976年，北京市共有公共电、汽车2361辆，运营线路达

110 条。① 中华人民共和国成立后，自行车逐步成了我国城市中的主要交通工具。由于这种交通工具具有无污染、无能耗、经济、方便等独特的优势，所以，直到今天，它在我国的城市交通中仍占有重要地位。我国城市交通方式从步行、马车，逐步发展到电车和公共汽车，是适应初建期城市空间规模的。

从中华人民共和国成立初期到 20 世纪 70 年代，国内城市处于发展较为缓慢的阶段。改革开放后，我国城市规模才开始快速扩张。为了适应空间规模的变化，各大城市均对原有的路网进行了改造与扩建，新铺设了城市道路，交通设施也得到了改善，路网结构得以优化，整个城市的交通系统迅速步入快速发展阶段。1984~2003 年，我国城市道路发展迅猛，尤其是 1990 年以后的城市道路建设更是远远超过了以往的速度。例如，南京的城市道路面积由 1984 年的 424 万平方米增长到 2012 年的 11424 万平方米，如表 3-4 所示。

表 3-4 我国部分城市道路建设情况

城市	城市道路面积（万平方米）				
	1984 年	1991 年	2003 年	2012 年	2016 年
北京	2110	2620	9240	13509	14316
上海	1017	1802	16510	9717	11250
重庆	—	—	5959	11936	17776
天津	980	3107	5489	11611	14466
广州	412	1093	6563	10140	12395
南京	424	962	5941	11424	—
西安	487	1042	2284	6333	—

资料来源：《中国城市统计年鉴》（1985、1992、2004、2013、2017）。

在城市发展期，我国大部分城市的交通方式都是以自行车、摩托车、公共汽车等为主要交通工具，另外还有一部分出租车和私人小汽车。城市的自然条件、

---

① 参见《建国以来的北京城市建设资料》。

空间规模以及发展水平不同，各种交通方式的比例和城市交通的演化速度也就不同。在空间规模较小的城市，常规的公交电车、汽车就能满足居民的出行需要，甚至自行车、电动车的比例也会较高。在空间规模较大的城市，只靠常规地面公交方式很难满足居民的出行需求，为了满足多层次、大规模的交通需求，往往需要多种交通方式的配合，需要修建轻轨、地铁甚至高速铁路等轨道交通，从而拉动交通基础设施与交通方式的发展。

上述分析表明，城市空间规模的扩张对交通方式有一定的要求与选择性，正是这种选择性才使得城市空间在整个演化期间持续带动城市交通方式的转变，促进交通系统整体水平的提高。交通的发展又会推动城市空间新一轮的演化与扩张，城市空间规模与城市交通方式呈现动态推拉关系。

第三节　城市空间结构形态与城市交通的交互作用

一、城市空间结构对城市交通的影响

城市空间形态具有多个层面的内涵，其中，以单中心城市结构及多中心结构对城市交通影响最为显著。不同城市空间结构会对交通出行需求与交通结构产生影响，问题在于：哪种城市空间结构会对交通需求总量、交通方式及效率的选择产生良性的影响，并如何影响。

20世纪90年代以来，国内外学者对单中心城市与多中心城市空间结构与交通之间的复杂关系有不少研究。一些学者以西方的单中心城市公共交通不发达为背景，通过对一些城市的交通调查发现：与传统的单中心城市相比，多中心组团式城市居住和就业趋于分散，造成小汽车交通相对发达而公共交通与非机动交通方式趋于衰微。还有学者认为，如果多中心组团式城市各个组团内部产业结构、城市功能不完善、不注重职住平衡等将导致居民通勤交通出行需求增加。

支持多中心城市发展有利于促进城市交通良性发展的观点有：一个多中心城市能够缩短居民通勤交通需求；居住地和工作地会自发性地调整布局来促进地区

的职住平衡。国内主流研究观点认为，多中心组团式城市格局有利于通过减少出行距离和时间减少交通需求，缓解城市的交通拥堵。主要研究观点及相关信息如表 3-5 所示。

表 3-5　单中心、多中心城市空间结构与交通关系主要研究

	作者	主要观点	案例
单中心结构论	Cervero 和 Landis（1991）；Cervero 和 Wu（1998）	就业中心分散化并没有减少交通需求，反而增加了通勤时耗和通勤距离	旧金山大都市区
	Naess 和 Sandberg（1996）	虽然员工迁往就业地附近居住减少了通勤距离，但是在更大区域范围内雇佣职工导致通勤距离的增加	奥斯陆
	Jun（2000）；Jun 和 Hur（2001）	新中心的建设没有实现职住平衡，新中心对老城存在较高的依赖性，增加了通勤距离	首尔
	Schwanen 等（2001）	潮汐型通勤系统的居住—就业的空间失衡造成更长的通勤距离	荷兰
	Millen 和 Danriel（2003）	就业郊区化和多中心的产生与发展没有减少城市交通需求，反而增加了居民通勤距离	芝加哥
	丁成日和宋彦（2005）；丁成日（2010）	单中心符合城市聚集经济原理，多中心结构导致劳动力市场—消费市场、居住—就业的距离增加	—
多中心结构论	Gordon 和 Wong（1985）	随着城市规模扩大，多中心城市出行距离并没有增长，而单中心城市工作出行距离延长	美国大都市区
	Gordon 和 Richardson（1991）；Gordon 等（1997）	家庭与企业可在一定时间内以调整空间结构及位置的方式来实现职住之间的平衡，减少交通出行的总量、距离及时间	

	作者	主要观点	案例
多中心结构论	Giuliano（1991）和Small（1993）	多中心的空间结构具有缩短通勤时间的潜力	洛杉矶地区
	邓毛颖等（2000）	城市结构由单中心向多中心转变，中心城区的交通吸引力明显下降	广州
	Bertaud（2003）	当城市规模到达一定程度，多中心城市结构是统筹聚集效益与交通成本后的最佳城市结构	—
	陈明雪（2004）	随着人口增长，多中心结构的城市交通出行时间和距离基本保持不变。多中心结构对于缩短出行距离有积极作用	南加州地区
	马清裕等（2004）	城市空间布局在中心城过分集中给城市交通带来严重问题，要建立多中心城镇空间结构，发展卫星城和地方中心镇	北京、上海、广州、深圳
	万霞等（2007）	非组团城市在城市规模扩大之后，小汽车出行所需的时间也明显增加，组团式城市的小汽车出行时间大致稳定	北京等全国17个城市
	孙斌栋等（2007）；孙斌栋和潘鑫（2008）	通过城市规划和城市发展政策，引导多中心空间结构形成，有利于降低单中心城市规模聚集带来的外部效应	—
	冯筱等（2011）	与单中心结构相比，多中心结构能够提高出行效率，有利于缓解城市拥堵，是上海市未来解决交通问题可行的手段	上海
	徐泽州等（2012）	城市空间尺度超过一定范围，必定形成新的城市中心	全国36个城市

续表

	作者	主要观点	案例
多中心 结构论	孙斌栋等（2013）	随着远离就业主中心，上海就业次中心的平均通勤时间趋于降低，证明了多中心结构起到了疏解特大城市交通的作用	上海
	何嘉耀等（2014）	在多中心模式中，当通勤成本较高时，各中心可以形成各自的消费服务业中心，在单中心模式下，中心发展受限，可能自发形成多中心	—
	黄承锋等（2015）	组团与产业融合，空间布局近距离化，是减少交通需求的重要手段	重庆主城区

资料来源：根据文献汇总整理。

近年来国内外学者对城市空间结构对城市交通的影响得出了不同的结论，但证明了城市空间结构对城市居民的交通需求特征及交通方式具有较大的影响。

二、交通可达性对城市空间形态的引导作用

（一）交通可达性对居民及企业选址的影响

1959年，Hancen首次提出可达性（Accessibility）的概念，并将其定义为交通网络中各节点相互作用的机会大小。其他学者也对可达性的概念做出了界定和评价。总体来说，交通可达性指的是借助某一特定的交通系统实现空间位置移动的便利程度，不仅是一个空间概念，也是一个时间概念，并且可以反映经济价值，可达性越高，区位的经济价值越高。

交通可达性主要是通过影响居民选址来引导城市的空间形态，且交通可达性的提高会伴随更多的变化，如相应区位的土地价值及吸引力提高、交通成本的降低等，这些都会通过影响居民选址行为而引导城市空间形态的演变。一般来说，城市的区位优势分为两种：一种是聚集优势，另一种是交通优势，尤其是在聚集优势没有明显差异的情况下，交通可达性的改善会降低居民出行成本和产业的运输成本，在完全竞争市场下，某一区位交通可达性的改变，会导致城市结构的改变。

如图 3-5 所示，C_1 表示某区域交通改善之前，该区域居民及企业的交通成本曲线，C_2 表示该区域由于交通条件及交通可达性提高，该区域居民及企业的交通成本曲线，D 代表的是该区域的交通需求曲线，Q_1 和 Q_2 代表交通可达性提高前、后的交通需求人数。$Q_2 > Q_1$，说明该区域随着交通可达性的提高，更多的居民和企业被吸引到该区域。

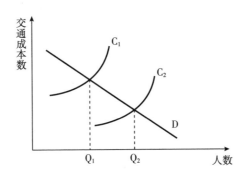

图 3-5 交通可达性对居民及企业选址的影响

提高交通可达性之后，不仅会提高该区域的用地吸引力，还会导致土地和房价升高。如某条交通线路的建成，一方面，会极大地提升该区域沿线及周边地区的交通可达性；另一方面，也会使这些区域的土地及房价不断上升，但在土地及房价上升逐渐抵消居民及企业的交通成本的降低时，该地区的吸引力就会逐渐消失。另外，由于各种土地利用用途的竞租能力不同，区域的用地性质可能发生变化，竞租能力强的土地利用性质会把竞租能力弱的排挤出该区域。

假设一条轨道交通线路建设使沿线地区交通可达性提高，如图 3-6 所示，S 表示该区域的房屋供给曲线，D_1 和 D_2 分别表示该区域因为轨道线路的建成，交通可达性提高前、后人们对房屋的需求曲线。轨道线路沿线区域可达性提高后，吸引人们到该区域购买房屋，对房产的需求量从 Q_1 增加到 Q_2，房产的价格也从 P_1 上升到 P_2。可达性的改善和区域土地及房价的变化影响居民和企业选址，进而引导城市空间形态演变。

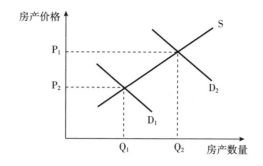

图 3-6 交通可达性对房价的影响

（二）交通可达性影响土地用地性质和开发强度

交通可达性的提高，不但会影响城市用地性质，还会影响相应区域的土地开发强度。通常情况下，交通可达性提高意味着该区域的土地吸引力增强，人口密度增加，土地开发强度也会提高。特别是轨道交通的建设会对土地开发强度产生巨大的影响。轨道交通既可以明显提升沿线区域的交通可达性，还能凭借其强大的运输能力更好地支持沿线轨道的开发与建设。此外，轨道交通的外部经济性也为开发商与业主创造更多升值的利润空间，使开发商更愿意进行高强度的开发。

交通可达性的提高可以影响居民及企业的选址，进而影响城市各区域的土地及房价、用地的性质及开发强度，最后引导整个城市的空间布局及形态发生变化。

第四节　城市功能布局与城市交通的互馈关系

一、城市功能布局对客流分布及出行特征的影响

（一）单一功能区的客流分布及特征

城市空间按照功能划分可以分为工业区、商业区、居住区、休闲区、市政与公共服务区、仓储区、风景游览区与城市绿地、特殊功能区等，其中商业区、工业区和居住区是最基本和最主要的城市功能区。单一功能的用地是以一种功能为

主其他功能为辅的用地模式，对于单一功能区来说，不同功能区对交通产生和交通吸引的特征不尽相同。其中，商业区的吸引力最大，客流量最多，通常位于交通较为便利的地段。商业区的空间规模及人口密度越大，吸引的客流量就越多，客流来源较为分散。工业区是制造型企业比较集中的区域，与商业服务业相比，工业的竞租能力较弱，一般不在城市中心区域，而在城市中心外围，尤其是一些大型的工业企业，由于地租和环境等问题，往往位于城市郊区或外围。工业区是相关就业的通勤客流产生的主要原因，客流量与工业区的规模和密度呈正相关关系，客流在时间上在上下班的时间呈早、晚高峰。居住区作为城市居民最为集中的地方，其建筑物主要是居民住宅，辅以各种服务及经济功能。居住区也是城市客流量的一大来源，产生的客流与居住区的规模和密度呈正相关关系，而客流的方向和分布与工业、商业以及其他功能区的布局有密切关系。

在城市空间布局上，单一功能区对客流的分布有着极为深远的影响。通常功能区分散的地方，客流分布也相对分散，功能区集中的地方，客流分布也相对集中。除此之外，各个功能区之间的距离也会影响客流的分布，假设其他条件不变，距离较近的两个不同性质的功能区之间（如居住区和商业区之间）产生的客流量要比距离远的大。不同功能区之间客流量在时间分布上也具有不同的特征，如在工作日，居住区和工业区之间的客流较为集中，且具有早、晚高峰的规律，而居住区与休闲区之间的客流量较少，在周末或者节假日，住宅区与商业区和休闲区的客流量则大大增加，时间上分布相对分散，居住区与工业区之间的通勤交通流量较少。另外，工业区与休闲区之间的客流量在大部分时间里都比较少。

（二）混合功能布局对客流分布及出行特征的影响

混合土地利用是为了发挥土地的综合效益，在城市某一区域上同时赋予两种或多种不同性质功能的用地模式。如工商业与居住、居住与休闲、工业与仓储等功能的混合用地。土地的混合利用对城市客流分布及出行特征有重要影响。土地混合利用意味着各种功能在某一区域更加集中，出行的起、止点之间距离更短，客流集中在该区域内，可以缩短出行距离，降低出行成本，减少不必要的机动出行。

功能混合布局使客流在某一区域内更加集中，形成较大的交通需求，为发展大运量的公共交通提供了条件。同时由于集中引起的空间不足（如道路和停车位的不足），会抑制小汽车的使用。混合布局使出行距离降低，很多活动可以就近完成，促进了非机动交通方式的使用。此外，土地的混合利用对交通基础设施和路网系统提出了更高的要求，从而促进城市路网和交通系统的建设。

二、交通对城市功能布局的支撑作用

从城市的发展历程来看，城市的功能布局可以划分为三个发展阶段：功能混杂、功能分区、功能混合，呈现出一种"螺旋上升"的发展方式。在城市发育初期至工业化早期，人们的出行方式主要靠步行和畜力，出行方式限制了出行距离和交通可达性，从而限制了城市的规模，城市的居住、制造业、商业功能混杂在一起。城市进入工业化时期，随着技术的进步，城市交通快速发展，出现了有轨电车和汽车等机动化出行方式，人们的出行距离大大延长，为城市功能分区提供了条件。工业化早期低端制造业污染严重，工厂、居住与商业混杂造成严重的环境污染和城市拥挤，基于这种情况，20 世纪 30 年代出现了城市功能分区的思想理念，要求实现居住、工作及游憩的分区与平衡，并构建三种功能区互相关联的交通网，用绿色地带来分隔工业区与居住区，利用功能分区来分隔污染严重的产业园区与居民住宅，不同的土地功能也要进行相应的隔离。到了城市化后期，随着产业升级和生产工艺技术的提高，新兴产业对环境的影响降低，进入后工业经济的城市开始从完善各种功能区布局入手缩短出行距离，提倡城市功能混合，而大运量的公共交通系统能够适应功能混合带来的大量集中的交通流，为城市功能混合布局提供了支撑。

第五节　城市空间演化与城市交通相互作用实证研究

一、东京

东京最早是一个不知名的小渔村，到 17 世纪逐渐形成城镇，1868 年日本首都迁址到此地，后来改名为东京。20 世纪 70 年代以前，东京是一个单中心城市，主要包括东京中心城以及东京火车站周围呈放射状分散的商业区。东京的城市范围分为东京都区部和东京都两个层面。狭义的东京主要是指东京都区部。东京都区部主要包括 23 个区。1968 年人口达 890 万，而在 1983 年人口总数降为 839 万，总面积 594 平方千米。东京都的范围主要有 23 个区、26 个市、8 个村以及 7 个城镇。大东京圈包括距离市中心的位置 80 千米左右的区域范围。第二次世界大战后，东京的经济快速发展，总人口数量急剧增加，城市中心人口随着东京交通的发展逐渐向外迁移。1956 年，东京在边缘地区开始设置卫星城，其目的是分散中心城市的人口。1965 年，在距离东京市中心 48 千米的地区建成新的郊区。1960 年以来逐渐实现了从单中心城市到多中心城市的转变，形成了新宿、池袋、涉谷三个次中心。

东京城市内部交通十分便利，交通网络以几大商业区、东京火车站和皇宫为中心呈现放射状分布。在第二次世界大战之前，东京的地铁规模不大，到了 20 世纪 70 年代东京的地铁长度已经达到了 128 千米，并且形成了完善的立体交通网络体系，其中包括一条环城路和七条放射性干道。根据东京道路规划，在道路建设当中将呈现出九条放射状三条环形的网络道路格局。在整体规划方面，东京的城市交通以发展轨道为主，并结合高速公路以及其他交通方式，如轻轨、地面公交、自行车、铁路以及小汽车。

（一）城市交通与城市空间演化的阶段性特征

早期东京的主要交通方式是轿子和步行，明治维新之后马车成为城市的主要交通工具。由于受到交通方式的局限，城市居民的出行距离十分有限，城市的空间范围分布也比较狭隘。1903 年，东京的主要交通方式是有轨电车。1927 年，东京开始建设地铁，在此后的十几年中地铁迅速发展。1950 年之后，随着地铁交通的高速发展，郊区的可达性大大提高，加之郊区房子价格低廉，使大批居民向郊外迁移。随着城市交通网络的发展，尤其是快速轨道交通网络的发展，东京的城市空间范围不断扩展。到 1975 年，东京居民迁移到了距离市中心约 40 千米的郊区。很显然城市交通和城市空间范围扩展是紧密联系的，并呈现出较为明显的阶段性特征。

（二）城市交通对东京城市空间演化的影响

东京城市交通的发展对东京的城市空间演化产生了深远影响。随着城市交通不断发展，人口数量不断增长，城市空间范围也迅速扩展。从 1955 年到 1995 年，东京的总人口从 800 多万增加到了 1180 多万。人口总量的增加使城市人口的密度不断增大，1983 年达到每平方千米 14700 人左右。人口分布也发生了较大变化，随着城市交通的不断发展，更多的人选择到郊外去生活。日本全国人口的普查结果表明，在以东京车站为中心的半千米之内，人口的数量不断下降，而在距离市中心 20~50 千米的郊区，人口的数量却不断增加。交通可达性的改善逐渐使人口分布发生了显著变化，一方面使城市功能的空间布局得到完善，一大部分人能够在市中心就业而在郊区居住，另一方面推动了日本东京城市空间规模的扩展。

城市交通的不断发展对于城市空间规模的影响是十分显著的。在马车时代，东京城市空间范围较小。1925 年，东京的面积只有 83 平方千米，城市半径大约为 5 千米。到 1984 年，随着交通方式的不断改善和公共汽车、轨道等新的交通方式出现，东京城市面积已达到 597 平方千米，到 1992 年，面积已增加到 618 平方千米。随着东京城市面积的不断扩大以及交通方式的逐渐完善，尤其是高速铁路、公路以及地铁的迅速发展，城市的交通可达性大大增加。人们能够将工作和生活的地方区分开来，人们可以到市中心去工作，在郊区生活，这种空间规模的不断扩展，突破了东京原有的城市范围，向更大的都市区发展。

东京的城市空间演化主要是沿着放射状逐渐向外扩展，并且主要以轨道交通终点站或者是换乘站为基础，形成了几个重要的城市次中心，尤其是涉及了新宿和涉谷等几个次中心城市。1940 年，东京的城市轨道交通网络仅仅局限于中央、东北等国家铁路以及有轨电车的线路。一些私营铁路路线不允许进入城市中心，终点站只能建立在山手线上，一些大的私营铁路公司在涉谷和新宿等地方分别设置各种换乘站。这些换乘站吸引了大量的游客而逐渐形成了比较繁华的商业区、游乐区以及商务区。这些高速发展的地区就组成了东京比较重要的城市中心。由此可见交通可达性的改变既影响了城市次中心的形成，也影响了空间演化的方向，使城市逐渐向多中心的方向进化。

东京城市交通的发展也对居民的住址选择产生了重大影响，并在很大程度上影响城市空间的演变。由于通勤出行在东京居民的整体出行需求中占有相当大的比重，所以通勤铁路在新住宅区的开发和居民的迁移中发挥着重要作用。1974

年，京王相模原线和小田急多摩线开通，之后京王线穿过都营新宿线，在新宿副中心和东京市中心之间建立了便捷的交通网络。便利的交通吸引了居民选址，20世纪90年代初，多摩新城的人口就达到了16万。千叶新城虽然在1978年开通了北部综合开发铁路的部分路段，但直到1991年才通过连接常磐线，直接与市中心相连，在这之前必须经过换乘。另外，交通可达性的劣势降低了对居民选址的吸引，选择在千叶新城居住的人较少，迁移速度慢。这说明交通可达性对居民的选址行为也有很大的影响。

不同的交通方式对居住密度和空间演变有不同的影响。东京的主要交通方式不同于伦敦、纽约、巴黎和洛杉矶等城市。洛杉矶由于地铁和公共汽车的使用率低，汽车的使用率很高，生活方式分散，城市空间密度低，扩张分散。东京的高速铁路和地铁的使用率非常高，但汽车使用率低，土地资源相对紧张。居民主要沿着铁路和高速公路向外迁移，城市空间凭借着铁路和高速公路交通走廊以高密度的姿态向外扩张，总体而言，轨道交通对于更高密度的住宅分布有着更大的支撑作用。

（三）空间规模及空间布局对交通方式的影响

根据1978年在东京进行的第一次大规模交通调查，轨道交通（地铁和轻轨特快列车）占市民通勤交通出行的53.7%。1988年日本国土交通省的一项调查显示，轨道交通出行的比例进一步增加，达到73.6%。随着城市空间的扩大，各种交通工具中铁路和地铁的出行率保持在较高水平，而公共汽车和有轨电车的出行率正在下降。城市空间的扩大不仅改变了交通工具，也改变了出行的性质，增加了出行距离，延长了出行时间。

总体而言，东京的城市交通和空间演化具有明显的阶段性特征，两者之间具有明显的周期性的循环互馈关系，且两者处于相对稳定的平衡阶段。城市空间的整体演变是高密度和紧凑模式，因为东京的公共交通以铁路为主，利用率很高，而汽车出行的比例很低。东京的电气化铁路、新干线、高速公路、地铁、城市道路以及各种交通换乘枢纽共同构成了东京完整的交通网络体系。便捷的换乘让人们可以在不离开车站的情况下向城市的任何地方移动。因此，这些完善的交通网络不仅在过去对东京的城市空间演变产生了深远的影响，而且将继续影响东京的空间规模和空间布局。目前，东京正在发展成为一个由多中心和卫星城市组成的更大、更复杂的空间结构，这些发展将对城市交通产生新的影响。

二、北京

北京是中国的政治文化中心、世界著名的文化名城和国际交流中心。截至2019年，北京市常住人口2190万，建成区面积1469平方千米，城市人口密度1137人/平方千米，道路总长8300千米，道路面积14318万平方米，轨道交通运营里程696千米，公共汽电车运营数23685辆，公共汽电车客运量311896万人次，轨道交通客运量395414万人次（中国统计年鉴，2020）。从古至今，北京城市交通和城市空间的发展经历了一个漫长的过程，其发展步伐时缓时快，呈现出一定的阶段性特征。1949年中华人民共和国成立以来，特别是在20世纪90年代以来，北京的城市交通和城市规模发生了迅速而剧烈的变化，同时，城市交通与城市空间演化在发展过程中的相互作用关系也进一步深化。

（一）北京城市交通与城市空间演化的阶段性

老北京的城市路网系统是明代以元都为基础重建的棋盘形式。除了棋盘状的道路网络外，全市约有4550条胡同，胡同之间的平均距离仅为80米。长期以来，北京的所有道路都是土路，但1905年也有碎石路，直到1915年东交民巷的公路才修建柏油路，交通仍然以步行、人力车和马车为主，极低的出行速度大大限制了居民的出行距离。因此，老北京的城市空间规模较小。

20世纪30年代以来，北京的城市交通逐渐从以步行、畜力等方式为主，发展到以有轨电车、公交车等公共交通工具为主并全面替代旧式交通工具和出行方式。1924年12月，北京第一条有轨电车线路正式开通，全长9千米，共有10条有轨电车线路运营，全长39.8千米，1935年营运车辆增至96辆。中华人民共和国成立前，已有人力三轮车21500辆，马拉客车60辆，人力黄包车1400辆。截至1949年，北京城市道路总长度仅为215千米，道路面积140万平方米。1949年以前，由于北京的交通工具主要是步行、马车和人力车，所以公共汽车和有轨电车的数量和距离都很短。因此，老北京城市空间被落后的交通工具束缚而狭小局促，老城区面积仅62平方千米，其间居住了164.9万城市人口。

1949年至20世纪80年代，随着城市交通的不断发展，北京的人口规模和空间规模迅速增长，而且无论是增长速度还是增长幅度都要比1949年前迅猛得多。

新中国成立初期，北京公共交通经过几年的恢复，到 1956 年北京的公共汽车数量达到 885 辆。北京第一条地铁于 1969 年开通，全长 23.6 千米，1971 年正式开通。截至 1980 年，共有公共有轨电车和汽车 3001 辆，地铁 112 条，线路总数 123 条。城市道路从 1949 年的 215 千米增加到 1980 年的 2185 千米，增加了 9 倍多。与此同时，北京的城市空间规模和人口规模也增长了 2~3 倍。

从 20 世纪 80 年代以来，伴随着改革开放的步伐不断加快，城市化和经济增长快速发展，北京交通设施建设和城市空间演变进入高速发展阶段。城市道路由 1980 年的 8400 千米增加到 2020 年的 2185 千米，地铁和轻轨运营线路到 2020 年底达到 1177 千米。这几十年来，城市建成区面积迅速扩大，到 2020 年，北京城市在原有建成区的基础上面积扩展到了 1268 平方千米。

（二）城市交通对北京城市空间演化的影响

北京的城市交通方式从依靠人力和畜力的黄包车和马车为主，发展到 20 世纪六七十年代的遍地自行车和国产机车，再到涵盖有轨电车、地铁、轻轨和私家车在内的全方位综合性立体化的现代化公共交通网络。从整体上看，这几十年交通方式发生了翻天覆地的变化。北京的城市规模也因为交通方式的进步带来交通可达性的提高而发生了深刻的变化。尤其是城市交通可达性的提高使城市得以更快的速度向郊区扩展，而城市范围的延伸影响了居民的住宅选址行为，也极大地影响了城市空间的演化规模和空间布局结构。

1. 对空间演化规模的影响

老北京的城市交通方式以步行、马车或人力车为主，交通出行速度十分缓慢。1949 年以前，只有为数不多的有轨电车。城市道路的特点就是不宽、不畅、不够用，全国公路里程仅有 215 千米。落后的交通方式极大地限制了城市规模。截至中华人民共和国成立前夕，北京市建成区面积仅为 109 平方千米，城市交通网络平均半径不足 6 千米。随着城市道路建设的加快和交通方式的升级，全市范围内的城市交通可达性得到了极大提升，促进了城市空间规模的扩大。1959 年，城市平均半径增加到 8.4 千米。到 1980 年，北京城市道路已达 2185 千米，交通方式已从最初的以步行、自行车为主发展到城市有轨电车、公交汽车、地铁和私家车的涌现到如今的全面覆盖。城市交通的加速发展进一步促进了城市规模的扩大。北京的城市人口也从 1949 年的 164.9 万增加到 1980 年的 5104 万。城市建设区的平均半径也增加到了 10.5 千米。目前，轨道交通的发展和私家车的迅速普及，进一步加大了北京城市空间规模的扩张。城市交通对北京空间尺度的影响如表 3-6 所示。

表 3-6　北京城市交通对空间规模的影响

年份	城市道路长度（千米）	主要交通方式	建成区面积（平方千米）	平均城市半径（千米）
1949	215.0	步行、马车	109.0	5.9
1959	246.0	步行、自行车、公共电汽车	221.0	8.4
1980	2185.0	自行车、公共电汽车、地铁、少量私人小汽车	346.0	10.5
1986	3038.0		380.0	11.0
2000	4125.8		780.0	15.8
2004	7482.7	公共电汽车、地铁、轻轨、私人小汽车	1182.3	19.4
2011	6300.0	公共电汽车、地铁、轻轨、私人小汽车	1231.0	25.7
2019	8300.0	地铁、轻轨、私人小汽车	1469.0	31.7（2018 年）

资料来源：国家统计局网站。

2. 对居民选址的影响

城市交通的变化对北京城市居民的选址行为产生了显著影响，这种影响比较直观地体现在地铁 13 号线、八通线等主要交通干线的建设对北京地区住宅开发的影响上。北京地铁 13 号线于 2002 年 10 月开通，为北京居民向北迁移提供了巨大的支持。地铁 13 号线向西从西直门出发，向北经过知春路、上地、回龙观、立水桥到达东直门，途经西城、海淀、昌平、东城、朝阳五个区。13 号线已成为连接首都圈北部与首都圈的重要通道，还有 20 多条公交线路连接八达岭高速和回龙观地区与市区。

随着地铁 13 号线的建成，越来越多的城市居民沿该线及车站周边迁移。2003 年底，沿线已开发建设了 60 多个不同类型的大型居住小区，尤其是在地铁 13 号线北段，有 30 多栋建筑，总面积近 10 万平方米，人口众多，人员聚集。其中，回龙观拥有北京乃至全国最大的经济适用房项目"回龙观文化社区"，总规划建筑面积 850 万平方米，囊括人口 30 万。在 1996 年回龙观区规划铁路之前，农业用地和居民住宅区占土地使用的主导地位，那时居民区还仅占总面积的4.1%。然而到2003年，回龙观区的居住面积就已增至总面积的39.3%。居民迁移到该地区的趋势是明显的。在北京北部的丽水桥地区，由于地铁13号线与规划中的地铁5号线交汇，再加上北苑路、汤立路、安立路、立军路等多条交通线，为市民打造了极具吸引力的城市居民的迁徙，占地数十万平方米，该地区已建成多个大型住宅项目。

13号线、八通线等重要交通路网的建设，极大地改善了北京北部和市区东部的交通通道，对城市居民的向外迁移行为产生了重大影响。北京城市居民向市区北部和东部迁移，客观上促进了北京北部和东部城市空间的发展。在其他方向，尤其是市区南部，除了区位、环境等原因外，由于缺乏高容量的轨道交通等快速交通通道，居民向南的迁移速度很慢，城市向南演化的趋势也不明显。总体而言，城市交通的发展对北京的空间演化具有较强的推动作用，通过提高交通可达性影响城市居民的选址行为，进而影响城市空间演化的方向。

3. 对空间结构和演化方式的影响

在城市化建设开始阶段，北京的道路系统结构呈现"棋盘放射状"的特点，自20世纪60年代道路系统初步建成以来，先后修建了多条环城交通线路和"棋盘放射状"交通线路，特别是1992年二环高速和1994年三环高速通车后，北京城市空间布局以同心圆的形状由中心向四周大幅度扩展。紧接着2001年四环和2003年五环的建成，北京的城市交通网络体系已形成典型的"棋盘放射状"结构，不断扩大的北京城市空间布局，由内向外，呈现同心圆的形态向四周扩大。比如，五环的开通打通了原有的十个零星分布的外围卫星城。四环、五环之间的放射状道路的联通，使原本出现的一个中心、十个边缘副中心的城市空间结构又一次向单中心、连续型的空间结构布局演化。近年来，辐射状道路和环城路的建设提高了交通可达性，同时多条公交线路的接连开通，以及新型高速铁路交通的建设，越来越多的私人小汽车的使用，都为居民的短途旅行或长途旅行提供了更快捷的乘车时间和更便利的乘车体验。城市空间继续以同心圆向外扩展，让更多的居民和企业迁往远郊。表3-7显示了由于城市人口的扩大和交通可达性的改善，加快了城市中心人口向外迁移的趋势。

表 3-7　北京城市人口及人口密度的变化

年份	人口数量（万人）		人口密度（人/平方千米）	
	全市	中心城区	全市	中心城区
1949	203.1	164.9	—	16172
1958	613.8	350.2	376	—
1970	771.2	403.1	459	—
1980	885.7	510.4	538	26837
1986	871.2	586.8	612	27254
1991	1039.5	648.4	651	27786
1995	1070.3	696.9	744	27719
1998	1091.5	733.7	741	27356
2000	1107.5	760.7	811	27332
2010	1962.0	1686.0	1196	1383
2015	2188.0	1877.0	1333	1540
2019	2189.0	1865.0	1135	1136

资料来源：国家统计局网站，中经数据网。

在全市人口因交通条件改善而不断增加的同时，中心城区人口密度呈现先增后减的趋势。20 世纪 90 年代之前，全市人口密度和中心城区人口密度均呈上升趋势。提高中心城区的可达性首先会吸引越来越多的人进入定居或工作，同时将带动更多的人到市中心，人口密度会促使城市建成区进一步向郊区蔓延。在集聚阶段，由于市区建设用地有限，水平方向上的空间规模不易发生明显变化，再加上前期城市交通可达性相对较低，城市空间的增加应体现在城市空间的垂直扩张上，一般而言楼房建得越高，容积率相对大一些，北京城区摩天大楼化的过程，证明了这种进化趋势和城市空间发展的内在规律。自 20 世纪 90 年代以来，城市地区人口密度的下降反映了城市扩张的影响，随着城市交通的整体改善，越来越多的城市居民也能反向搬到郊区。

（三）城市空间规模及空间布局对交通的影响

如前文所述，老北京的城市空间半径仅仅 1 千米，放到今天也只是一个普通建制镇的规模，那时主要的交通方式还是依靠步行和马车。如今，北京市无论是城市人口还是建成区面积都在与日俱增，其交通方式向高速化、规模化方向迈进，公共交通的运输能力也上了一个大台阶。随着城市空间规模的扩大，居民出行的距离也相应增加。这样一来，居民对快速、大容量、便捷、舒适的交通需求就会增加。近期北京大容量公交、地铁和私家车的快速发展表明，城市空间规模的扩大对城市交通产生了显著影响。

总体来看，北京城市布局属于单中心空间结构。城市中心的各项城市功能过于密集，人口和就业密度很高，尤其是中关村、王府井等地区成为全市高密度就业中心，由市中心向城市外围延伸，人口密度和就业密度依次递减。近年来，在郊区建设了许多大型住宅单元，但由于包括基础设施在内的各项综合配套设施相当不完善，也没有多少产业愿意落户，所以这些郊区往往缺乏充分的就业机会，对人们的吸引力也就始终停滞，正因如此，这些郊区的卫星城被人们形容为"沉睡城市"，俗称"鬼城"。但由于居住在这些社区的大部分人仍然在城市工作，日常通勤仍然是市中心与郊区的双向流动，潮汐式的交通流是这些空间分布结构的显著特征。

这种城市空间结构在很大程度上影响北京的城市交通方式。这种影响主要表现为以下两个方面：一是当客流高度集中在城市中心时，反而促进了大容量城市公共交通系统的形成，可大大提高公共交通比重。近年来，北京公共汽车和大容量快速公交或轨道交通的快速发展以及公共交通比例的不断提高，都印证了这种影响。二是就业人口过于集中，尽管导致出行距离增加，这也间接促使低速交通方式占比下降。许多原本居住在城市里的居民搬到郊区，但仍然选择在城市工作，也使自行车等慢速交通方式比例逐渐减少，加快全市慢速交通向快速交通的转变。这也印证了城市空间布局结构对交通方式的影响。

第四章 城市空间结构与交通时空需求过度

本章试图解释城市空间结构对交通时空需求的影响机理，重点是从城市空间结构角度探寻交通需求过度产生的原因。本章首先构建交通时空需求分析框架，以中心地理论和时空消耗理论为基础，以正六边形蜂巢结构为城市空间基本单元，建立城市空间模型和交通时空需求模型，通过一定的假设建立城市空间的抽象模型，演示不同城市空间结构对交通时空需求作用机理，并结合实例分析，验证模型结论。

第一节 城市交通时空需求分析模型的建立

一、交通时空需求过度的界定

（一）交通时空需求的决定因素

由经济学概念中衍生出的交通需求概念，是指在社会经济活动中，为了达到某种目标，人和货物在空间位移上有支付能力的需要。交通需求同时具有时间性和空间性双重属性。以往的研究往往关注交通需求的空间属性。交通出行要占用交通通道和时间来实现位移，交通需求是存在于时间和空间两个维度的，跳出经济学范畴，交通时空需求也可以理解为：为了实现人和物体的位移而产生的对时间和空间的需要。

影响交通时空需求的因素极为复杂，主要包括城市人口规模、城市空间结构布局、城市土地开发利用、城市居民出行特征、交通基础设施建设、城市生活消费水平以及城市经济发展水平等。在城市化快速发展阶段，人口向城市的大量、快速集聚是城市交通需求猛增的主要原因；城市经济发展水平和城市居民消费水平影响了人们的出行频率，城市空间结构和功能布局在很大程度上影响了出行距离，居民消费水平、出行特征和交通基础设施建设和管理水平则影响人们的出行方式，不同的出行方式的单位占用空间不同。因此，从城市交通需求的众多影响因素中概括出四个决定因素，即人口总量、出行频率、出行距离及出行单位占用空间。

1. 决定因素之一：人口总量

交通出行需求是人口来到城市以后，工作、生活产生的派生需求。在中国城市化快速发展的现阶段，大量人口"涌入"城市，尤其是大城市人口总量激增。2000 年我国城镇人口为 4.6 亿，2015 年城镇人口增长到 7.7 亿，到 2030 年我国城镇常住人口将达到 9.8 亿，巨量的人口带来难以抑制的交通需求增长。我国巨大的人口基数和快速增长的城镇化率带来的城市人口总量激增，是导致我国城市交通拥挤最顽固的原因，并且在相当长的时期内难以改变。

2. 决定因素之二：出行频率

出行频率决定于日常工作、生活出行和其他偶然性、非经常性出行，与城市的社会经济发展水平、人口结构、城市规模以及出行环境等有密切关系。

随着经济的发展，人们的经济活动越来越频繁，出行频率总体呈上升趋势。以重庆市为例，2002 年重庆主城区 6 岁以上居民人均出行次数为 2.06 次，2007年上升到 2.18 次，2009 年为 2.20 次，2010 年增加到 2.25 次，比 2002 年增加了0.19 次，增加了 9.2%。[1][2] 2002 年北京居民出行中，通勤和通学基本出行的比例占 24.7%，比 1986 年降低了 33%，生活、文化娱乐和购物等非基本出行的比

① 重庆市道路运输管理局. 重庆市道路运输发展对策研究报告［R］. 重庆：重庆市道路交通运输管理局，2002.

② 重庆市交通规划研究所.2010 重庆市主城区交通发展年度报告［R］. 重庆：重庆市城市交通规划研究所，2011.

例提高了 11%；与 1995 年对比，上海市 2004 年基本出行占比下降了 12.9%，非基本出行中的购物与娱乐出行上升了 16.9%；成都 2000 年与 1987 年对比，基本出行下降了 10.9%，购物出行上升了 8.3%。可见，随着我国经济发展和居民生活水平的提高，城市居民文化娱乐、购物等非基本出行比例都有显著提高，平均出行频率也有所提高。

3. 决定因素之三：出行距离

出行距离决定了起点与目的地的分布，与城市的空间结构形态和各种功能布局相关。城市空间结构和功能布局在很大程度上决定了居住地与工作地、居住地和商业休闲目的地之间的距离。人口与工作地分散布局会造成职住分离现象，由此产生大量远距离通勤交通需求。居住地与消费地的出行距离主要受商业中心与人口居住地的空间布局影响，人口与商业中心分散布局会加长人口非必要出行距离。

4. 决定因素之四：出行单位空间，即单人单次出行所占用通道空间

出行单位空间与选择的交通出行方式有关系，慢行交通出行的出行单位空间最小；在机动化出行中，使用公共交通工具占用的单位空间，远远小于私人小汽车占用的空间。完成一次出行，采用不同的交通方式，占用道路空间的时空消耗不同，研究表明：步行、公共汽车、小汽车、中巴车的单位时空消耗之比为 1∶0.27∶8.19∶0.47，在机动出行方式中，公共汽车是占用单位空间最小的交通工具，而小汽车远远超过其他方式。小汽车时空消耗是公共汽车的 30.1 倍。[①]

（二）交通时空需求过度

产生交通拥堵的直接原因是交通供给和交通需求的不平衡，在城市化快速发展的历史阶段，交通需求远大于供给是交通拥堵病的外在表现形态，城市空间的有限性决定了交通供给不可能无限扩大，只有控制交通过度需求来缓和尖锐的交通供需矛盾，从根本上缓解城市拥堵。以往的交通需求管理措施主要是强度削减某时段人们的出行需求，或将一种交通方式的需求转换成另一种交通方式的出行，其核心思想是通过诱导人们的出行方式来缓解城市交通拥挤的矛盾（陆化

① 重庆市道路运输管理局. 重庆市道路运输发展对策研究报告［R］. 重庆：重庆市道路交通运输管理局，2002.

普，2012），这种交通需求管理对策往往被认为是短期权宜之计，不是长远对策（黄承锋等，2015）。

上述四点交通需求的决定因素中，人口向城市聚集和经济活动频率增加是城市化和城市经济发展的必然结果，在我国目前城市化快速发展阶段难以改变，由此带来的交通需求增长是刚性的，是难以避免的，因此，城市交通系统必须加快发展，加速增加交通供给缩小供需差距。

出行距离增长、单位出行空间占用增加在很大程度上是由于城市空间结构、产业人口功能布局不合理，城市交通结构不合理，这些因素导致的交通需求增长具有一定的柔性和可塑性。

因此，交通时空过度需求可以界定为：由于不合理的城市空间结构、形态与功能布局、非理性的交通方式，导致交通出行在时间和空间上超出合理范围的交通需求。

要从根本上缓解城市交通拥堵，需要对交通时空过度需求的产生机理进行分析，从根源上找到交通时空需求过度的关键因素，加以控制和削减（黄承锋等，2015），把过度交通需求的泡沫挤压出去。为此，要分析城市空间结构与形态、功能布局等因素影响城市交通需求的机理及其测度。

二、模型建立的理论基础

（一）时空消耗理论

路易斯（1986）最早提出时空消耗的概念，目的是研究城市道路时空资源的消耗，随后，国内外学者进行相关研究逐渐形成时空消耗理论。时空消耗理论认为，在交通流中，每一个交通个体都会占用道路交通设施一定的时间和空间，其他的交通个体只能占用除此之外的时间和空间资源。

时空消耗理论主要应用在交通网络容量、交通枢纽设施的预测和计算方法中，计算交通载体在出行过程中占用通道资源并消耗道路网络的时空资源。朱顺应和杨涛（1997）首次将时空消耗理论应用于城市交通需求管理研究，提出应从城市土地使用空间分布方面减少出行时空消耗。

时空消耗的计算模型目前有两种：一维模型和二维模型。

1. 一维模型

一维模型是以道路路网有效运营长度与有效运营时间的乘积作为公路路网的时空总资源，来计算公路网在时空总资源的约束下，单位时间、空间内公路网所能承载的最大交通个体数，也即路网容量。其计算模型如式（4-1）所示：

$$C_{rd} = \frac{C/C_i}{L_r} = \frac{L_r \cdot T/L \cdot t_i}{L_r} = \frac{T}{L_r \cdot t_i} \tag{4-1}$$

其中：

C_{rd}——城市道路网容量，辆/km；

C——城市道路网的时空总资源，km·h；

C_i——i 种交通方式在单位时间内一次出行的平均时空消耗，km·h/辆；

L_r——路网机动车道总长度，km；

T——道路总有效运营时间，h；

L——交通个体行驶过程中的车头间距，km；

t_i——交通个体在单位时间内的平均出行时间，h。

模型中的有效运行时间 T 和交通个体在单位时间内的平均出行时间 t_i 可以通过调查得出，合理的动态平均车头间距 L 可以根据经验得出。

Kometani、Sasaki 模型认为，合理的平均车头间距可以设定为如式（4-2）所示：

$$x(t-T) = \alpha v_{n-1}^2(t-T) + \beta_1 v_n^2(t) + \beta v_n(t) + b_0 \tag{4-2}$$

其中：

α，β_1，β，b_0——待定系数；

T——驾驶员反应延迟时间，h；

$x(t-T)$——合理的车头间距，m；

$v_n(t)$——第 n 辆车在 t 时刻的行驶速度，m/s；

$v_{n-1}(t-T)$——第 n-1 辆车在 t-T 时刻行驶速度，m/s。

Bullen 开发的 Pitt 模型认为，较为合理的平均车头间距应该设定为如式（4-3）所示：

$$G(t) \geq L + kv_n(t) + 10 + bk[v_{n-1}(t) - v_n(t)] \tag{4-3}$$

其中：

L——机动车长度，m；

k——驾驶员敏感系数；

10——附加的缓冲距离，m；

b——待定系数。

一维模型的概念比较清晰，形式简单易懂，但是变量通过调查和经验确定，修正系数比较难标定，偏差较大，计算结果与实际有一定的差距。

2. 二维模型

二维模型与一维模型相比，考虑了道路的宽度，用道路的有效运营面积乘以有效运营时间来计算路网的时空总资源，计算公式如式(4-4)所示：

$$C_{rd} = \frac{C}{C'_i} = \frac{AT}{C'_i} \tag{4-4}$$

其中：

C_{rd}——城市道路网容量，辆/km；

C'_i——交通个体一次出行的平均时空消耗，$m^2 \cdot h/$辆；

C——城市道路网的时空总资源，$km \cdot h$；

A——路网有效面积，m^2；

T——驾驶员反应延迟时间，h。

路网有效面积指能保证路网内交通个体安全行驶、正常服务水平下能够使用的道路面积。可以将路网中车道所占的道路面积，影响交通个体安全和正常行驶的因素进行一定折减后，剩余的车道面积作为路网有效运营面积，如式(4-5)所示：

$$A = S \times \alpha \times R_1 \times R_2 \times R_3 \times R_4 \tag{4-5}$$

其中：

S——路网道路总面积，m^2；

α——行车道路所占比例；

R_1——道路等级及道路有效长度修正系数；

R_2——车道修正系数；

R_3——路线平均使用频率系数；

R_4——路旁干扰系数。

（1）道路等级及道路有效长度修正系数 R_1。以快速路面积为标准，其余等级道路按通行能力折算成快速路面积，考虑各等级道路相对比重转化为修正系数。整个路网的有效长度系数取 0.7~0.9，其中，快速路取 1，主干道取 0.85~0.95，支路取 0.7~0.75。

（2）车道修正系数 R_2。考虑车道宽度能否充分满足，对机动车道修正系数取 0.9~0.95。

（3）路线平均使用频率系数 R_3。考虑驱车者对线路的熟悉程度和行车时的选择偏向，以及路线所处区域等因素，取 0.7~0.85。

（4）路旁干扰系数 R_4。考虑路旁停车、设摊、堆放及机动车和非机动车不加分离、中间是否隔离等干扰因素，取 0.7~0.85。

交通个体的时空消耗，可以通过推导转变为流量、行驶距离和动态宽度的函数，如式（4-6）所示：

$$C_i = h \times d \times t = h \times d \times \frac{L}{v} = \frac{1000}{\rho} \times d \times \frac{L}{v} = \frac{1000 \times d \times L}{\rho \times v} = \frac{1000 \times d \times L}{q} \qquad (4-6)$$

其中：

C_i——交通个体的时空消耗，$m^2 \cdot h/$次；

h——车头间距，m；

d——交通个体以达到容量状态时的速度时所需要的横向宽度，m；

t——交通个体平均一次出行时间，h；

v——交通个体平均出行速度，m/h；

L——交通个体平均一次出行的距离，m；

ρ——车流密度，辆/km；

q——路网达到容量时的流量，辆/h。

一维模型中的空间概念是交通通道的长度，忽略了交通通道的宽度。二维模型考虑了路面的宽度，从物理角度来看，相比一维模型更加贴切，但是由于参数难以准确确定，模型的测算结果的准确性会受到一定的限制。本书选取二维模型中的相关表达来构建交通时空需求测度模型。

（二）中心地理论

中心地理论（Central Place Theory）是由 Christaller（2010）首先提出的，既

是早期区位论的代表理论之一，也是城市化、城市群和马克思主义地理学的重要理论基础之一。中心地理论假定某个区域的人口是均匀的，生产者为谋取最大利润寻求尽可能大的市场范围，消费者为了减少交通费用，尽可能到最近的地区购买商品或服务，那么为满足中心性需要，就会形成中心地商业区位的六边形网络，如图 4-1 所示。

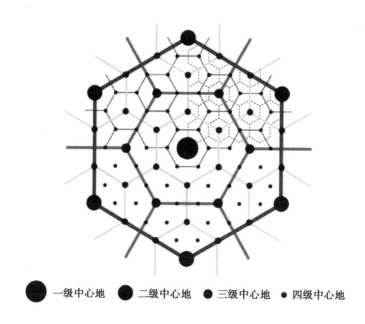

● 一级中心地　● 二级中心地　● 三级中心地　• 四级中心地

图 4-1　Christaller 的中心地体系

　　Christaller 通过对德国南部城市和中心聚落的大量调查研究后发现，一定区域内的中心地在职能、规模和空间形态分布上具有一定规律性，中心地空间分布形态受市场、交通、行政三个要素的影响而形成不同的系统。他探讨了一定区域内城镇等级、规模、数量、职能之间的关系及其空间结构的规律性，并采用六边形结构图对城镇等级与规模关系加以概括。

　　德国经济学家 August Losch 将中心地理论与工业区位理论结合起来，探讨工业及其市场区最优分布问题。他将利润原则应用于区位研究，并从宏观的一般均衡角度考察工业区位问题，由此建立了以市场为中心的工业区位理论和作为市场体系的经济景观论。Losch 认为，工业区位应该选择在能够获得最大利润的市场地域，一个经济个体的区位选择不仅受其他相关经济个体的影响，而且也受消费者、供给者的影响，在此基础上，他认为在空间区位达到均衡时，最佳的空间范围是正六边形。

中心地理论的核心思想如下：

（1）中心地的等级越高，其所提供的商品和服务的种类就越齐全，而低等级中心地仅限于供应居民日常生活所需的少数商品和服务。

（2）两个相邻同级中心地之间的距离是相等的，中心地的等级越低，其间的距离就越短，间距 S 与中心地等级 n 之间存在着一定的数量关系。

（3）各等级中心地及其市场区在一个完整的网络系统中，形成大小不同的层层六边形网络。

（4）不同等级中心地的市场区之间应按 K = 3、4、7 的原则，保持严格的比例关系。

三、城市交通时空需求模型

交通需求同时具有时间性和空间性双重属性。以往交通需求的研究着眼于人和物的空间位移，强调交通需求的空间性，而忽视了交通的时间性。本节以时空消耗理论和中心地理论为基础，试图建立能够体现交通需求时间和空间双重属性的交通需求测度方法。

（一）城市空间模型的建立

城市空间结构形态和功能布局直接影响居民交通出行的距离。根据城市空间扩展特点，城市空间格局可分为圈层式城市、团状城市、星形城市、分散组团城市、带状组团城市等。基于此，本书将城市空间结构大致分为单中心城市结构和多中心城市结构。根据城市功能对城市进行分区，可划分为商业区、居住区、工业区、市政与公共服务区、仓储区、风景游览区与城市绿地、特殊功能区等。城市居民日常出行目的复杂，包括通勤、上学、购物、休闲娱乐、探亲访友、业务等，其中最主要的常规出行以通勤和休闲消费性出行为主，主要涉及居住区、工业区和商业区三种功能区的布局，因此为简化模型，本书只考虑以上三种城市功能分区，对其他功能区引发的交通出行暂且不计。

以 Christaller 的中心地理论为基础，以正六边形为基本单元简化并模拟城市空间结构，为研究需要，对城市空间结构和功能区布局作简化模拟。

在此做出如下假设：

（1）城市由 7 个均匀且彼此相邻的等边六边形组成。为便于描述记为 1～7 小区，7 小区为中心区，如图 4-2 所示。

（2）最小单元六边形边长为 1。

（3）非中心区交通运行畅通，中心区交通运行状况较非中心区差，设 α 为拥堵系数，中心区区域内的拥堵程度是非中心区的 α 倍（α≥1），拥堵系数根据高峰时期平均车速确定，仅考虑非节假日一般状态下的交通运行环境。

（4）仅考虑城市的一个商业区、一个工业区和两个居住区。现实中城市存在多种产业的多个工业区以及多个居住区，本模型旨在比较居住区、工业、商业区在城市内不同布局情况下的交通出行消耗大小，因此本模型简化为某产业的一个工业区、一个商业区、两个居住区，便于计算，且不会影响对比结果。

（5）居住区与商业区之间的出行为消费性出行，居住区与工业区之间的出行为通勤出行，考虑到通勤出行是日常交通需求的最主要来源，假设每周 5 次通勤出行，1 次消费性出行，即居民通勤出行与消费出行频率比为 5：1。

（6）道路是遍在性的，区域内存在均一的交通面，通勤出行与消费出行路径按照最短路径原则。

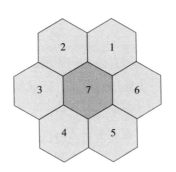

图 4-2　城市结构及分区示意图

设定商业区位于城市中心区，即 7 区，工业区和两个居住区在 7 个小区内任意分布，商业区和工业区位于小区中心点；居民居住地均匀地分布在某小区内，为便于计算，把该小区中心点（重心）记为居民区所在地，当居住区与工业或商业位于同一小区时，工业区、商业区位于小区中心点，居住地位于六边形顶角与中心连线 1/2 处。

各种分布下的交通时空需求记为 C_{ij}^{mn}，$i=7$，j，m，$n=1$，2，$\cdots$，7，表示商业区分布在 i 区，工业区分布在 j 区，两个居住区分别分布在 m 区和 n 区布局下的交通时空需求。例如 C_{71}^{24} 表示商业区布局在中心区 7 区，工业区布局在非中心区 1 区，两个居住区布局在非中心区 2 区和 4 区。

(二)交通时空需求测度方法

交通时空需求的影响因素非常复杂，本节从城市交通需求的众多影响因素中抽取出四个决定因素作为指标，即人口总量、出行频率、出行距离及出行单位占用空间四个指标，交通出行时空需求函数可表示为式(4-7)：

$$D_t=f(P,\ f,\ L,\ C_u,\ \mu) \tag{4-7}$$

其中：

D_t——交通出行时空需求；

P——城市人口总量；

f——人均交通出行频率；

L——出行距离；

C_u——出行单位占用空间；

μ——其他相关因素。

交通需求与四个指标正相关，等式右边任何变量值减小都会使交通需求减少，要控制、抑制交通需求，必须削减等式右边四个变量值的大小，找出削减的方式和措施，加以控制。城市的交通需求是时间与空间的复合型需求，根据时空消耗理论，时空消耗就是交通个体一定时间内占用的空间，或一定空间使用的时间。根据式(4-7)，提出城市交通出行时空需求计算公式，如式(4-8)所示：

$$C = \sum C_k = \sum \overline{C_k} \cdot f \cdot P_k \tag{4-8}$$

其中：

C——某地区交通出行时空需求，$m^2 \cdot h$；

C_k——第 k 种出行方式的交通出行时空需求，$m^2 \cdot h$；

$\overline{C_k}$——第 k 种交通方式的人均时空需求，$m^2 \cdot h/$人；

f——一定时间内的交通出行频率，次；

P_k——以第 k 种交通方式出行的人口，人。

某种交通出行方式的人均时空需求为该出行方式的交通个体一定时间内占用的空间，或一定空间占用的时间，计算方法如式(4-9)所示：

$$\overline{C_k} = \frac{C_k}{N_k} = \frac{B_k \cdot h_{dk} \cdot L_k}{N_k \cdot v_k} = \frac{B_k \cdot h_{tk} \cdot L_k}{N_k} \tag{4-9}$$

将式(4-9)代入式(4-8)得到城市交通出行时空需求计算方法，如式(4-10)所示：

$$C = \sum C_k = \sum \frac{B_k \cdot h_{tk} \cdot L_k}{N_k} \cdot f \cdot P_k \tag{4-10}$$

其中：

C_k——第 k 种出行方式的交通出行时空需求，$m^2 \cdot h$；

N_k——第 k 种交通方式的载客数，人/车；

B_k——第 k 种交通方式安全行驶的横向距离，m；

h_{dk}——第 k 种交通方式安全车头间距，m；

L_k——第 k 种交通方式的出行距离，m；

v_k——第 k 种交通方式行驶速度，m/h；

h_{tk}——第 k 种交通方式安全车头时距，h；

f——一定时间内的交通出行频率，次；

P_k——以第 k 种交通方式出行的人口，人。

第二节　交通时空需求过度的空间原因之一：城市空间结构不合理

一、单中心与多中心结构下的交通时空需求测度

多中心战略对于疏解城市拥挤是否有效在世界范围内并没有达成统一的认识，国内外一些学者对两种城市空间模式——多中心还是单中心城市哪种交通出

行效率更高进行了研究，得出两种截然相反的结论，每种结论背后都有实证支撑。当今，在国内越来越多的城市将发展多中心战略作为解决交通拥堵等"大城市病""药方"的情况下，我们首先要回答的问题是，多中心城市结构是否有利于减少城市交通的过度需求，提高交通效率？

以 7 小区六边形结构为基础，构建多中心组团城市结构下的商业、工业、人口布局模型，旨在对比同等规模的城市在不同城市结构形态下（单中心结构和多中心结构）的交通时空需求差异。假设：

（1）多中心城市 A 由三个规模相同的组团构成。

（2）商业区分别位于各组团中心区，工业和居住区任意布局，如图 4-3 所示。

（3）单中心城市 B 中商业集中布局在城市中心区，工业和居住区任意布局，如图 4-4 所示。

（4）单中心城市 B 人口规模和建成区规模与城市 A 相同，并且多中心城市 A 单位组团六边形的边长为 1。

（5）城市 A 和城市 B 都采用单一小汽车出行，中心区拥堵系数 α 取 1。

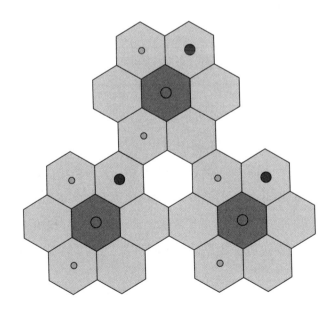

图4-3 多中心城市结构下的组团完善功能布局

图 4-4　单中心城市结构下的功能布局

以 C_{71}^{24} 为例[1]，通过式（4-10）计算，其中小汽车安全行驶横向距离取 3.5m，非中心区行驶的最小安全车头时距取 0.0011h，平均载客人数为 1.25 人/车。各种城市空间结构布局下的单位交通时空需求计算结果如表 4-1 所示。单中心城市的单位交通时空需求为 0.471 $m^2 \cdot h$/人，多中心城市单位交通时空需求为 0.272 $m^2 \cdot h$/人，同等规模下，单中心城市的时空需求几乎是多中心城市的 2 倍，产生的过度时空需求达到 0.199$m^2 \cdot h$/人，比多中心城市高出 73.2%。

表 4-1　不同城市空间结构下的单位交通时空需求

单位：$m^2 \cdot h$/人

城市空间结构 及功能布局	单中心城市结构	多中心城市结构 功能完善	多中心城市结构 功能不完善
单位交通时空需求	0.471	0.272	0.403

如图 4-3 所示，多中心城市各组团内部职、住、商功能匹配完善，居民的生产、生活出行都就近在组团内部完成。也就是说，没有跨组团出行，这是比较理想化的布局形态。但如果多中心城市中某些组团内部功能布局不合理，职住不平衡，城市配套功能不完善，如图 4-5 所示，某一组团内部缺少工业或者商业布局，组团内的居民需要到其他组团工作或消费时，此时的单位交通时空需求达到

----

① 事实上工业、商业、居住地分布可以采用任何一种或多种布局混合，但此处为了表明在同等条件由于城市结构不同造成的交通时空消耗的差异，设定在多中心各组团与单中心采用同一种布局，即 C_{71}^{24}，当然也可以采用其他布局。

0.403m^2·h/人，时空需求比组团功能完善的多中心城市布局增加 48.1%，与单中心结构城市相比也没有明显优势。

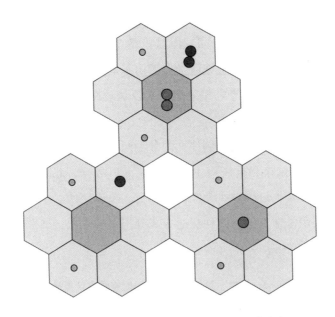

图4-5　多中心城市结构下的组团不完善功能布局

通过计算结果可以发现，在同等城市规模下，多中心组团城市结构的交通出行时空需求远低于单中心城市结构，这是由于城市功能配置较齐全的组团能够解决组团内部居民大部分的工作、生活需求，减少远距离出行带来的交通需求。但是，如果多中心组团功能布局不合理，组团内部功能不完善，则这种多中心结构并不能减少交通出行需求，反而会导致更多的远距离跨组团出行，产生更多的过度交通需求，因此单中心城市仅仅靠规划建立副中心或卫星城，疏散中心区交通压力在实践中效果并不理想，更重要的是副中心功能的合理有效配置。

二、实例研究

北京是典型的单中心结构城市，重庆主城区是典型的多中心组团城市结构。由于北京市与重庆市主城区城市空间结构形态差异造成工业、人口、商业布局的差异，导致人口的出行特征和交通结构也有明显差别。

北京市二环以内路网呈"棋盘"形式，20世纪60年代以来，经过一系列环路和放射形道路建设，主要是 1992 年二环快速路、1994 年三环快速路、2001 年四环快速路以及 2003 年五环路的建成通车，逐渐形成了以紫禁城为圆心，沿着"环形+射线"型的公路呈同心圆方式向外逐渐扩展的单中心圈层城市结构。虽然在城市外围规划了多个边缘组团，但城市单中心发展模式依然固化。总体上看，依然是单中心城市。重庆主城区受自然山水地形阻隔的影响，是典型的"多中心、组团式"城市结构，与之相适应的是以快速路为骨架，主次干道为基础，"干线+片区自由式"的路网结构。

以北京市、重庆市主城区为例计算两种不同空间结构城市的每天交通时空需求，采用 2010 年北京市和重庆市主城区常住人口数据，北京市为 1961.2 万人，重庆市为 745.8 万人；出行方式考虑地面公交、轨道交通、小汽车和步行；各出行方式的人口采用常住人口与此种交通方式分担率的乘积；日平均出行次数均取 2 次，其他参数取值如表 4-2 所示。

表 4-2　北京、重庆主城区交通时空需求计算参数

		地面公交	轨道	小汽车	步行
北京	出行比例（%）	19.74	8.05	28.56	30
	出行人数（万人）	387.1	157.9	560.1	588.3
	平均出行距离（km）	9.6	16.4	9.3	1.5
	车头时距（h）	0.0019	0.0667	0.0013	0.0005
重庆	出行比例（%）	32.8	0.6	18.2	47.5
	出行人数（万人）	224.6	4.5	135.7	354.3
	平均出行距离（km）	5.4	8.7	6.9	0.6
	车头时距（h）	0.0014	0.0667	0.00092	0.0005
横向距离（m）		3.75	4.5	3.5	0.75

资料来源：北京交通发展研究中心.2010 北京市交通发展年度报告 [R]. 北京：北京交通发展研究中心，2011.

重庆市规划局，重庆市交通规划研究院.2010 年重庆市主城区居民出行调整成果分析报告 [R]. 重庆：重庆市交通规划研究院，2011.

经式（4-10）计算得出：北京每天交通时空需求为 809554 平方米·小时，重庆主城区每天交通时空需求为 52523 平方米·小时。2010 年北京每天交通时空

需求是重庆主城区的 15 倍多,北京市常住人口总量是重庆主城区的 2.6 倍多,消除城市人口规模差异的影响将结果进行对比,北京每天交通时空需求仍然是重庆主城区的 5.9 倍。

产生这种结果的原因主要有两个:

第一,多中心结构城市居民各种交通方式出行距离均低于单中心结构城市(见表 4-2)。重庆的多中心组团式结构,交通需求分布相对比较均匀,居民的生产生活需求相当一部分可以在组团内部得到满足,包括步行方式在内的短距离出行占了相当大的比例。城区居民全日出行中,一次出行的平均出行距离仅为 3.5 千米。北京虽然从 20 世纪 50 年代就开始致力于规划建立边缘组团缓解中心城区压力,1982 年北京城市总体规划再次重申这一规划原则,但因缺乏与中心城的隔离措施,现多数边缘组团已与中心城相连。1993 年《北京市城市总体规划(1991—2010 年)》中提出了建设 14 个卫星城的理念,2003 年后出现的《北京市城市总体规划(2004—2020 年)》中,14 个"卫星城"被11 个"新城"取代。原本的"卫星城"丰台长辛店如今已经被归入中心城区的范围内,被中心城吞并。由于边缘组团功能不完善,并与中心城区缺少隔离措施,逐渐被中心城相连并吞并,依然呈现出单中心蔓延式发展的主要特征,居民平均出行距离明显高于重庆市。

第二,重庆主城区居民交通出行结构优于北京。多中心城市结构平均出行距离短,有利于步行,步行是单位出行空间消耗最小的出行方式,重庆市步行出行方式比北京高 17.5%。另外,多中心结构更有利于城市交通网络的组织,有利于结合公共交通轴线或发展轴线,进行 TOD 方式的空间开发。重庆主城区的公共交通分担率(地面公交和轨道交通)33.4%高于北京的 27.79%,而公共交通相对于小汽车而言能够在很大程度上节省单位出行空间消耗。最后,重庆主城区的小汽车出行比例 18.2%远低于北京的 28.56%,2010 年北京市私人汽车总量达到374.4 万辆,重庆全市汽车拥有量 115.7 万辆,主城区私人汽车数量为 32.5 万辆,北京市小汽车在比例和数量上都远高于重庆市。

实例分析结果符合本章的模型测算结论,在人口总量和出行频率相同的条件下,多中心组团式结构的城市交通时空需求绝对小于单中心圈层结构的城市,单中心城市空间结构会造成极大的交通时空需求过度。

第五章　城市空间形态与
交通时空需求过度

第四章通过理论和实证研究发现，在理想的状态下，多中心组团城市结构的交通出行时空需求远低于单中心城市结构。在功能布局合理的条件下，城市的多中心能有效地促进城市各地区的平衡发展，相对于单中心城市，更有利于城市交通网络的组织，有利于结合交通轴线或发展轴线，进行 TOD 方式的空间开发和布局，可以防止城市规模过大所造成的交通拥堵、环境恶化等问题。但在现实中，随着多中心城市空间快速扩展，城市空间形态可能发生变异，以多中心组团城市为例，在城市空间扩展过程中产生组团粘连现象，原有的多中心组团结构被破坏。已经有学者开始注意到多中心城市扩展中的组团粘连现象，并进行了简单的定性描述，但没有进一步研究。本章将对多中心组团城市组团粘连式扩展对城市交通影响进行更加深入的研究。

第一节　交通时空需求过度的空间
原因之二：城市空间形态变异

一、组团城市的概念与特征

组团是一种紧靠成组的聚落布局形式（Mayhew S.，2001）。在前人对组团的描述中可以发现，根据尺度大小的不同，有的认为组团相当于片区，有的类似于新城或新镇，有的组团则是就业中心或某个单一的功能区。关于组团式城市结构以及其与多中心城市结构的关系等问题，目前还没有统一明确的概念和界定。

首先应该明确多中心城市结构与组团式城市结构两者的关系。一般来讲，多中心结构具有三种主要表现形式，即"一主多副"结构、"两主多副"结构以及"多主中心"结构模式（刘乃全和吴伟平，2017）。"一主多副"结构模式表现为一个位于在城市核心位置的主中心区，以及多个在主中心外围保持一定距离围绕的副中心，副中心也被称为卫星城或新城，其主要目的是分散主中心人口和某些产业。根据副中心与中心城区的位置关系又可分为边缘式副中心、市郊型副中心和城市外围新城。"两主多副"结构是在城市体系中又发展出一个与主中心同级的新中心，并且与原中心保持一定空间距离的模式。"多主中心"结构是出现三个或以上城市主中心，各中心的规模等级没有明显差别，并且通过比较紧密的交通网络联系起来。每一个中心可以称为一个组团，组团城市结构属于"多主中心"结构，是多中心城市形态的一种。各种多中心城市形态及特点如表5-1所示。

表5-1 多中心城市形态及特点

多中心城市形态		形态特点	形态概念图
一主多副	边缘式副中心	副中心位于城市中心边缘，分化中心区功能，具有一定规模的商业、办公等服务设施，与中心区有较便捷的交通联系	
	市郊型副中心	位于城市建成区外围地区，综合性功能较强，具有一定规模的城市服务配套设施，较大的交通枢纽，分散了市中心部分人口	

续表

多中心城市形态	形态特点		形态概念图
一主多副	城市外围新城	位于城市外围地区，形成与中心区抗衡的"反磁力吸引中心"，吸引人口和产业聚集，解决生活、工作、娱乐、出行等问题	
两主多副	两个同等级主中心和若干副中心，两个主中心之间保持一定空间距离并形成产业联动。新中心一般是由原来的副中心发展而来的		
多主中心（组团形态）	有多个区域性的主中心，承担不同的功能，彼此不能替代也没有主次之分，各中心间通过高效便捷的交通连接起来		

在明确了组团城市与多中心城市的关系后，还应把组团与卫星城或新城、功能区、片区等类似概念进行区分。

卫星城或新城一般是"一主多副"结构中的副中心，是在大城市郊区或其以外附近地区，为分散中心城市的人口和工业而新建或扩建的具有相对独立性的城镇。既有就业岗位，又有相对完善的住宅和公共设施，是独立于母城的新城镇。国内外典型的例子如奥罗拉是芝加哥的卫星城，通州是北京的卫星城，青浦、嘉定是上海的卫星城。

城市功能区是由于城市人口的某种特定活动在空间上高度聚集而形成的。住宅区、工业区、商业区是城市的主要功能区，为各类城市所共有，大城市还有行政区、文教区等更多功能。工业园、科技园区、大学城是城市中典型的功能区。

　　片区是一个较为模糊的概念，在不同语境下尺度可大可小，其含义也因此各不相同。以重庆为例，从较大尺度上，可以划分为"都市功能核心区、都市功能拓展区、城市发展新区、渝东北生态涵养发展区和渝东南生态保护发展区"，从中等尺度上，主城区又可以划分为"中部片区""东部片区""西部片区""南部片区""北部片区"；从更小尺度上，每一个区又可以由特定的交通线路分隔为更小的片区以便于行政管理。本节所指片区特指最后一种，即城市内由交通线路分割的地带。

　　可以从空间尺度和功能上把卫星或新城、功能区、片区与组团进行区分，如表 5-2 所示。

表 5-2　组团以及几种相关概念的特征

	组团	卫星城	功能区	片区
所在区位	城市内部	城市边缘	城市内部	城市内部
空间尺度	中	大	小	小
城市功能	较完善	居住、就业为主	某单一功能	不齐全
是否相对独立	是	是	否	否

　　由此，我们可以对组团的概念做出以下界定：组团是多中心城市中具有一定空间规模的，城市功能相对齐全，空间和功能上都具有相对独立性的区域。

　　在此基础上，我们就可以来界定"组团城市"。现有的研究主要从城市形态、土地利用的角度对"组团城市"进行描述。

　　从城市形态的角度来看，城市建成区由两个以上相对独立的主体团块和若干个基本团块组成，这大多是由于受较大的山体、河流或其他地形等自然环境条件的影响，城市用地被分隔成几个有一定规模的分区团块，有各自的中心和道路系统，团块之间有一定的空间距离，但由较便捷的联系性通道使之组成一个城市实体（李德华，2001）。

　　从土地利用的角度来看，组团城市的土地利用模式为分散集团模式，即西方国家所称的多核模式或多中心模式。这种模式注重的是集团内实现用地分区，而不是功能分区。每一个集团内，生产、工作、生活、居住、娱乐等各项建筑和设施齐全，具有各自的商业和文化中心，尽可能做到就近工作、就近居住、就近解决日常生活问题，各个集团之间既相对独立，又紧密联系，形成有机整体。

通过以上对"组团"以及"组团城市"的定义和分析，认为组团城市应具备以下特征：

（1）由若干相对独立的主体团块构成，空间上呈现非聚集的分布特点。

（2）组团内部各种要素呈现一定规模的聚集，人口密度达到一定程度。

（3）组团之间有一定的天然或者人为的空间隔离带。

（4）组团内部具有各自的中心以及比较完善的城市功能和生产、生活设施，具有相对独立性。

（5）组团内部有各自的道路系统，组团之间具有便捷的联系通道，将相对独立的团块联系起来。

综合上述分析，我们可以结合空间形态、城市功能分布和交通三方面的特征给"组团城市"做出定义：在空间分布上呈现"大分散、小聚集"，组团内城市功能较完善，组团间相对独立，并通过便捷的交通紧密联系在一起的城市实体。

二、多中心组团城市的空间形态变异——组团粘连

（一）组团粘连的界定

随着城市人口增加和城市空间的扩展，与单中心城市人口与城市空间向外围分散扩展不同，多中心组团城市空间发展呈现出两种特点：一是组团之间不断填充连片发展并趋向紧凑；二是在城市外围规划并发展出单独的新组团，这些组团与中心城区保持一定距离，类似"蛙跳"或"飞地"式开发，有一定的独立性，通过交通干道与中心城区相连。如图5-1所示。

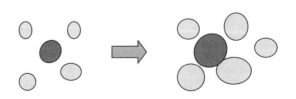

图5-1　多中心组团城市空间扩展示意图

当组团城市处于自发性扩张阶段，自然山水、农田绿地阻隔形成组团之间的天然屏障，使各组团之间在空间上相对独立。而今城市规划对城市空间发展起着决定性的影响，随着城市人口增长和城市化进程的加快，城市空间不断扩展，无论是向外扩展还是向内填充都受到城市规划的影响。原有组团之间的农田隔离带往往被规划为"新组团"，然而在实际建设中，这些"新组团"往往开发密度低，城市配套设施不全，职住平衡差，不具备完善的组团功能，尚不能称为真正意义上的组团，更像是原有成熟组团扩展并粘连的结果，因此可称为"组团粘连区"，这种组团空间扩展现象被称为"组团粘连"。

目前对"组团粘连"现象和"粘连区"的研究较少。傅彦等（2009）对组团粘连现象做了描述：一些多中心组团城市各组团在空间形态上的不断扩展，中心城区各种绿化带和自然山体水体等不断被开发，组团之间的隔离带被破坏，导致城区各中心城区低密度、蔓延式发展，组团之间的边界变得模糊，城市空间的组团结构被打破，组团内居住、就业、生活的就地平衡的功能被弱化，组团内交通出行平衡被打破。彭劲松（2011）通过对重庆市主城区城市空间发展研究认为，近年来重庆都市圈的快速开发建设，导致了城区各中心蔓延粘连，重庆城市空间的组团结构异化。翟长旭（2012）认为，过分追求组团间交通便捷可能导致原有组团空间形态的破坏，引起组团粘连现象。张振广（2015）基于中国城市快速扩张及空间无序蔓延的事实，对典型的多中心大都市——杭州的城市蔓延的表现、特征、成因进行分析，其中"城市建设用地填充式增长，且增速远高于人口增速"现象类似于前面提到的组团粘连。

通过以往学者对组团粘连的描述，我们可以总结出组团粘连区在地理位置、开发程度、城市功能和城市交通方面具有以下特征：

（1）位于成熟组团之间隔离带。组团粘连是由于城市组团之间的农田、绿化带、自然山体等被开发，而使原有组团之间的隔离带被侵蚀所形成的，因此粘连区常位于两个成熟组团之间。

（2）开发密度低。组团粘连区是城市成熟组团中心区向外低密度、蔓延式扩张形成的，因此开发密度低，建设用地面积的增速过快，高于人口增速。

（3）功能单一，城市功能配套不完善。粘连区开发通常主要以房地产开发为主，主要承担居住功能，而就业、商业、文化、医疗等其他城市功能相对不足，城市配套设施不完善。

（4）公共交通供给不足。由于粘连区人口密度较低，分布较分散，不利于地面公交、轨道交通等大运量的公共交通发展。

在此，将"组团粘连"界定为：组团城市空间扩展过程中，相对独立的组团之间土地被低密度开发，导致组团间边界模糊，组团独立性被破坏的空间扩展现象。

（二）组团粘连发展的影响因素

组团粘连式发展的深层影响因素复杂，包括促使组团粘连形成的驱动因素和制约其产生的约束因素。

1. 驱动因素

（1）城市化背景下城市空间快速扩展。在城市化进程中，城市建成区逐步扩展，逐渐将原来城市外围的郊区、农村包裹进城市。农村经历了远离城市、近邻城市、被包裹进城市和"城中村"城市化四个阶段（孟祥林，2014），在这个过程中，农村和耕地转变为城市建成区，但是这些被包裹进城市的区域往往开发密度低，为组团粘连式扩展提供了条件，也是组团粘连最容易发生的区域。

（2）城市人口数量增加。随着城市人口的不断增长，单一的经济消费与活动中心，其承载能力已经不能满足人们对于物质、精神生活的需求，这迫使城市不得不建立更多的副中心分散城市原有中心的负担。但是，新增副中心在帮助其减轻负担的同时，也削弱了原有中心的经济、社会影响力，这一影响力的削减，对于城市组团粘连区域的形成和发展有一定的促进作用。

（3）城市人口结构变化。城市人口结构包括区域人口结构、家庭结构、就业结构等。不同的城市人口结构，对于城市用地产生的需求不同，随着城市人口结构的变化，其对城市用地需求也将随之发生变化。受城市化水平和经济发展的影响，农业人口比例逐渐减少，必然引起农业用地转换为城市建设用地，客观上推动城市组团用地外延蔓延。

（4）交通基础设施建设水平的提高。基础设施建设水平的提高，推动了高等级公路、高速铁路、城市轨道交通，跨江桥梁、穿山隧道以及城市交通枢纽等交通基础设施的建设。交通条件的改善使居民出行的交通时间和交通成本的大大降低，加强了组团区域对内对外的联系，削弱了自然环境对组团之间的隔离作用，为组团间粘连扩展提供了物质上的可能性。

2. 约束因素

（1）自然因素。包括地理位置、地质构造、地形地貌、资源状况、气候和水文条件、是否具有天然水陆运输之便等自然因素，不仅决定组团区域能否形成，而且直接影响城市组团区域的发展潜力、土地开发的密度、空间扩展的方向、速度及各类城市组团区域空间的布局和结构。组团粘连往往发生在地势相对平坦山水阻隔较少的地区，自然山水的阻隔客观上限制了组团之间的粘连发展。

（2）规划与制度因素。政府可以通过城市规划或政策法规，对组团之间的农田、绿地等隔离带赋予刚性保护，防止组团之间的低密度开发使组团间界限模糊化。美国纽约市的中央公园位于曼哈顿的中央，占地 340 公顷，在 1863 年通过立法的形式，抵御着城市化的蚕食。

三、组团粘连式扩展的模型及交通时空需求测度

（一）组团粘连式扩展的模型

以第四章图 4-2 模型为城市空间结构的基本单元，模拟组团扩张的过程：在理想状态下各组团在空间和功能上相互独立，如图 5-2（a）所示区域 1 为组团核心区，区域 2 为非核心区，区域 3 为组团间隔离带；当组团之间的隔离带被侵蚀，两个组团扩展并粘连在一起，如图 5-2（b）所示；如果粘连区的配套设施能够加以完善，在成熟组团之间的粘连区域，能够形成空间和功能相对独立的新组团，如图 5-2（c）所示。

城市空间形态和功能布局影响居民交通出行需求。本书只考虑居住、工业和商业三种城市功能分区，并仅考虑组团的一个商业区、一个工业区和两个居住区，对其他功能区引发的交通出行暂且不计。居住区到商业区出行为消费出行，居住区到工业区出行为通勤出行；假设居民通勤出行与消费出行频率比为 5∶1；道路是遍在性的，通勤出行与消费出行路径按照最短路径原则。图 5-2（a）中商业区在组团核心区，工业区和居住区在组团内布局，居民通勤出行和消费出行均在组团内部进行；图 5-2（b）中，居住区和工业区分布在粘连区域，其相对

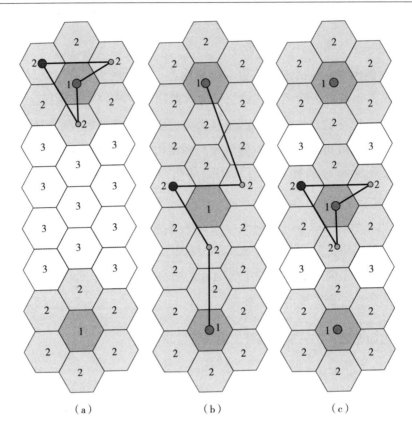

图 5-2　组团扩张过程

位置与图 5-2（a）相同①，但是城市功能不完善，没有形成较为集中的商业区，粘连区居民需要到邻近组团的商业区消费；如图 5-2（c）所示，新组团形成，组团核心形成商业区，居民通勤出行和消费出行均在新组团内部进行。

（二）组团粘连扩张对交通时空需求的影响测度

假设出行方式是单一的小汽车出行，根据城市交通出行时空需求计算公式（4-10），计算组团粘连扩张各阶段出行单位交通时空需求，其中，小汽车安全行驶横向距离取 3.5m，非中心区行驶的最小安全车头时距取 0.0011h，平均载客

---

　　① 居住区和工业区可以有多种布局，为了表明在同等条件下处于组团发展不同阶段造成的交通时空消耗的差异，设定图 5-2（a）、图 5-2（b）、图 5-2（c）工业区和居住区的布局相对位置不变，如图 5-2 所示，当然也可以采用其他布局，只要相对位置不变不影响对比结果。

人数为 1.25 人/车。结果如表 5-3 所示。成熟组团核心区拥堵系数 α 设为 3，新组团 α 设为 1.5。[①]

表 5-3　组团扩展各阶段小汽车出行单位交通时空需求

组团阶段	成熟组团（a）	组团粘连（b）	新组团（c）
拥堵系数	3	3	1.5
时空需求（$m^2 \cdot h$/人）	0.11408	0.15374	0.1061

由表 5-3 可以看出，在组团粘连情况下，单位交通时空需求最高，当粘连区形成新组团后，单位交通时空需求最小。这是由于新组团形成后，居民消费不必跨组团出行，减少了出行距离，同时，新组团核心区交通运行状况优于成熟组团，因此在出行距离相同条件下，新组团单位交通时空需求小于成熟组团。

粘连式扩展使多中心城市的空间形态发生变异，由此产生了大量的过度交通时空需求，加重了本已尖锐的交通供需矛盾，削弱了多中心城市的交通效率优势，城市拥堵更加严重。

第二节　重庆市主城区组团粘连扩张的交通影响分析

一、重庆市主城区组团发展现状及研究区概述

重庆市是典型的多中心组团城市结构，在 1995 年《重庆市城市总体规划（1996—2020 年）》中，主城区用地结构规划为三片区、十四组团的结构布局。2011 年修订《重庆市城乡总体规划（2007—2020 年）》，规划修改为"一城五

[①]　2014 年重庆都市核心区工作日商圈高峰车速为 18km/h，扩展区干路网高峰平均车速为 37.4km/h，非核心区车速为 50~60km/h，以此为依据设定的拥堵系数是基本符合实际的。

片，二十一个组团"。中梁山以东、铜锣山以西、嘉陵江和长江环保的区域为中部片区，包括渝中、大杨石、大渡口、沙坪坝组团；嘉陵江和长江以北区域为北部片区，包括观音桥、人和、悦来、两路、蔡家、水土、礼嘉、唐家沱、鱼嘴、龙兴组团；铜锣山以西，长江以南和以东的区域为南部片区，包括南坪、李家沱组团；缙云山与中梁山之间的区域为西部片区，包括西永、北碚、西彭组团；铜锣山与明月山之间的区域为东部片区，包括茶园、界石组团。

从两次重庆都市区空间结构规划来看，重庆主城区城市空间形态变化表现在内部填充和外部扩展两个方面。2011 年城乡规划新增的组团中，悦来、人和、礼嘉组团填充在成熟组团之间，蔡家、水土、龙兴、北碚组团是在城市边缘地带向外扩展的新组团。

从组团的实际发展来看，城市内部成熟组团间出现连片发展趋势，原有组团的形态逐渐模糊，组团间逐渐相互"融合"。1997～2010 年重庆市江北区和渝北区所在的北部片区空间扩展速度最快。

江北区位于重庆市中部长江、嘉陵江北岸沿江地带，有 30 多千米漫长的江岸线，东、南、西三面分别与巴南、南岸、渝中、沙坪坝四区隔江相望，北与渝北区接壤，是重庆市规划的信息、金融、文化艺术中心。江北区是涉外领事馆区和交通枢纽，总面积 213 平方千米，2015 年常住人口 85 万，辖石观音桥街道、华新街街道、五里店街道、江北城街道、马河街道、大石坝街道、寸滩街道、铁山坪街道、郭家沱街道、鱼嘴镇、复盛镇、五宝镇共 9 个街道、3 个镇。

渝北区位于重庆市北部，是 1994 年 12 月 17 日经国务院批准，在撤销原江北县建制基础上设立的新区。渝北区东邻长寿区、南与江北区毗邻，同巴南区、南岸区、沙坪坝区隔江相望，西连北碚区、合川区，北接四川省广安市和华蓥市。截至 2015 年底，渝北区面积 1452 平方千米，常住人口为 155.1 万人，辖 19 个街道、11 个镇。

渝北区的两路组团和江北区的观音桥组团是重庆主城区较早形成的成熟组团，之间有绿地、农田隔离。两个组团之间地势较为平坦，没有自然山水的阻隔，随着城市空间的不断扩展，以金开大道、机场高速、金山大道、金果大道为纵轴，金渝大道、金州为横轴，住宅、工业、会展为主体的业态迅速发展，将两组团间的农田和绿地填充。2011 年版《城乡总体规划》在此区域规划了三个

"新组团"（悦来、人和、礼嘉组团），但目前功能不完善，尚未形成功能独立的真正意义上的组团，而是将观音桥和两路两个成熟组团粘连起来。本章选取观音桥、两路组团以及两者之间的礼嘉、人和、悦来为主要研究区域。

二、研究区居民出行特征分析

（一）跨组团出行比例高

江北区、渝北区城市用地不断向外扩展，江北中心观音桥、大石坝组团向北发展，渝北中心两路组团向南发展，传统组团之间的隔离绿地和农田被逐渐开发成扩展区，使江北区和渝北区的中心组团逐渐出现粘连的趋势，组团式的城市用地平衡逐渐被打破，组团内生产生活的平衡能力弱化，粘连区新建组团公共配套设施不完善，滋长了大量的跨组团交通出行需求，这将使主城区跨组团主要通道面临更大的挑战。

如图5-3所示，成熟区域（观音桥组团、两路组团）中的两路组团的组团间出行仅为36%，观音桥组团间出行占总出行比例略高，占一半左右，这是因为观音桥组团与一江之隔的渝中组团、大坪—石桥铺组团和沙坪坝组团距离较近，且各组团之间交通设施完备，跨组团出行较方便。而大竹林—礼嘉、鸳鸯为周边欠发达的地区，组团间出行比例高达67%和74%，这是由于内部功能配套设施不完善，发展还不成熟。粘连区域位于大竹林礼嘉，鸳鸯组团所在区域，观音桥、两路组团为传统组团区域。作为城市主要生活配套设施的超市、学校、医院主要集中在传统组团区域，粘连区内的配套设施数量远低于成熟组团。由于新组团内部的功能不能满足居民生产生活需求，造成该地区居民跨组团出行比例较高。

（二）平均出行距离和出行时间较长

位于粘连区域的大竹林—礼嘉和鸳鸯组团的平均出行距离分别为9千米和10.7千米，如图5-4所示，远高于成熟区域观音桥、大石坝组团；大竹林—礼嘉组团平均出行距离比研究区各组团平均出行距离高16.9%，鸳鸯组团平均出行距离更是超出研究区各组团平均出行距离的39%。较远的平均出行距离使得蔓延区居民的交通出行更加依赖于机动出行方式尤其是小汽车出行方式。

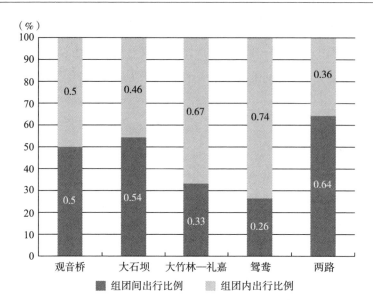

图 5-3 2007 年研究区组团内、外出行比例示意图

资料来源：2008 年重庆市主城区综合交通发展调查报告。

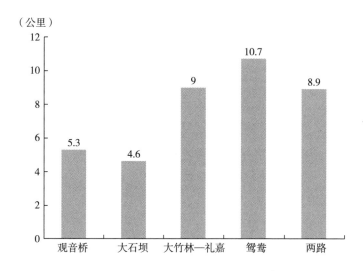

图 5-4 2007 年研究区组团平均出行距离

资料来源：2007 年重庆市主城区居民出行调查。

大竹林—礼嘉组团平均出行时间总体上也高于成熟区域。表 5-4 中，2007 年粘连区（大竹林—礼嘉、鸳鸯）居民平均出行时间总体上高于成熟区（观音桥、大石坝、两路）粘连区居民平均出行时间为 36.1 分钟，其中鸳鸯组团平均出行时间最长、达到 37.7 分钟，成熟组团中大石坝组团平均出行时间最短，为 29 分钟。

表 5-4　2007 年研究区组团平均出行时间

组团	观音桥	大石坝	大竹林—礼嘉	鸳鸯	两路
平均出行时间（分钟）	32.1	29	34.4	37.7	34.8

资料来源：2007 年重庆市主城区居民出行调查。

三、粘连区交通特征分析

为调查研究区交通特征，通过对礼嘉、人和、悦来区域进行了实地走访和问卷调查，主要调查不同出行目的的交通发生、吸引特征以及出行方式。在该区域对游客、工商业从业人员和小区居民进行了随机问卷调查。"工作"目的出行对粘连区内工商业从业人员进行随机抽样调查，"居住"对研究区居民进行随机抽样调查，调查游客样本 272 个，工商从业员工样本 387 个样本，居民样本 454 个，其中别墅区居民样本 158 个，公寓区居民样本 296 个。

（一）研究区不同出行目的的交通发生、吸引特征

通过随机问卷调查，研究区游客来源地、职工居住地以及居民工作地在各区分布比例情况，如表 5-5 所示。

表 5-5　研究区休闲、工作、居住交通流发生或吸引方向及比例情况

单位：%

	渝北区	江北区	沙坪坝区	九龙坡区	渝中区	南岸区	巴南区	大渡口区	北碚区	主城外
休闲	32.4	14.5	17.2	11.0	9.0	4.8	4.8	1.4	—	4.8
工作	53.6	14.3	7.1	8.9	3.6	10.7	—	—	1.9	—
别墅	18.2	9.0	13.6	9.0	27.3	18.2	—	4.5		
公寓	47.2	17.0	9.4	1.9	18.9	—	—		5.7	

注：表中数据分别为研究区游客来自主城各区的比例，研究区工商业从业人员的居住地在主城各区的比例，研究区居民的工作单位在主城各区所占比例。

研究区地理上位于渝北区，从整体上看，研究区主要发生和吸引了大量与江北区、沙坪坝区、九龙坡区、渝中区和南岸区之间的跨组团交通流量。具体来说，粘连的休闲功能吸引的交通流量中有 67.6% 是来自渝北区以外跨组团交通流量；研究区就业岗位吸引的通勤交通流量有 46.4% 是跨组团出行；研究区别墅区发生的通勤交通流量有 81.8% 是跨组团出行，公寓发生的通勤交通流量有 52.8% 是跨组团出行，可以发现研究区高收入人群（别墅区居民）的跨组团职住分离现象更加普遍。

这一调查结果符合 2015 年重庆市主城区居民出行特征调查结果——调查显示悦来、人和、礼嘉的跨组团出行比例分别为 68%、42% 和 34%，明显高于全市平均的 20%~30%，也在一定程度上印证了研究区居民平均出行距离高于成熟组团平均出行距离，重庆市居民出行特征报告显示，礼嘉和悦来居民的平均出行距离为 3.9 千米和 6 千米，高于成熟区域观音桥组团的 3.5 千米；礼嘉居民平均出行距离比研究区各组团平均出行距离高 16.9%。

（二）研究区不同出行目的的交通出行方式特征

通过随机问卷调查，研究区游客、工商业职员和居民通勤各种出行方式比例调查结果如表 5-6 所示。

表 5-6　研究区休闲、工作、居住交通出行方式比例情况

单位：%

	小汽车	公交车	轨道	班车	其他
休闲	10.2	4.4	77.3	—	8.1
工作	50.9	4.7	9.3	18.7	16.4
别墅居住	65.0	23.1	11.9	—	—
公寓居住	53.3	22.2	14.3	—	10.2

注：表中数据为研究区吸引游客的出行方式比例、工商业从业人员通勤方式比例和居民通勤方式比例。

从表 5-6 可以看出出行目的不同，出行方式也有较大差别。旅游休闲地吸引的游客中 77.3% 乘坐轨道交通，地面公交出行比例为 4.4%，只有 10.2% 的游客乘坐私人小汽车，这是由于被调查休闲地大多位于轨道交通站点，便捷的轨道交

通可以大大减少私人小汽车出行。工商业从业职工通勤出行中小汽车比例为50.9%，公司班车比例为18.7%，公共交通（地面公交和轨道交通）仅为14%，可见研究区通勤交通中公共交通所占比例不大，人们更倾向于采用较为灵活的小汽车出行方式。通过对研究区居民工作出行方式调查发现，轨道和地面公交出行比例在20%~40%，别墅区小汽车通勤的比例高达65%，公寓居住区为53.3%，研究区居民工作的最主要出行方式是小汽车，占到50%以上，小汽车出行比例远远高于主城区平均水平——2015年重庆主城区居民小汽车出行所占比例仅为31.4%。别墅区居民通勤小汽车比例高于公寓区，这也印证了M. 韦格纳和F. 福斯特（1999）的小汽车使用与居住密度负相关的研究结论。

粘连区居民的交通出行方式选择受到地区收入水平、小汽车拥有率、道路交通基础设施以及公交系统等因素的影响。2015年粘连区所在渝北区城镇常住居民人均可支配收入为30819元，城镇居民人均消费支出为22011元，分别高于主城区平均水平13.1%和11.5%，粘连区较高的收入和消费水平为居民更高的小汽车拥有率提供了可能。另外，经过渝北粘连区公交线路与站点明显少于成熟组团，公交覆盖率低于成熟组团；同时，粘连区道路基础设施相对成熟组团更加优越，被调查小区毗邻内环高速路，联通江北区、沙坪坝区、大渡口区、南岸区，相对不完善的公交系统和便捷的道路基础设施会刺激居民小汽车出行。

四、组团粘连对交通时空需求的影响分析

通过对重庆渝北悦来、人和、礼嘉地区实地调查，发现调查区人口交通出行特征具有跨组团出行比例高、平均出行距离长、小汽车出行比例高的特点，基本符合图5-2关于组团粘连扩张的模拟假设。因此，认为渝北区悦来、人和、礼嘉地区目前处于组团粘连阶段，尚未形成真正意义上的新兴组团。

组团粘连对城市交通时空需求的影响，可以对比相同数量的新增人口分别分布在粘连区和成熟组团产生的交通时空需求差异。渝北区新增人口主要分布在悦来、人和、礼嘉所在的粘连区，因此粘连区人口总量采用2003—2015年渝北区人口增量，即63.3万人；出行方式考虑地面公交、轨道交通、小汽车（含出租）；各出行方式的人口采用人口与此种交通方式分担率的乘积；其他参数取值如表5-7所示。

表5-7　组团和粘连区交通时空需求计算参数

	出行方式	地面公交	轨道	小汽车
组团	出行比例（%）	48.4	12.4	38.4
	平均出行距离（km）	5.4	8.7	6.9
	车头时距（h）	0.0014	0.0667	0.00092
粘连区	出行比例（%）	27.7	15.3	57.0%
	平均出行距离（km）	7.6	12.2	8.9
	车头时距（h）	0.0007	0.0667	0.00046
横向距离（m）		3.75	4.5	3.5
核载（人）		75	1440	1.25

资料来源：①重庆市交通规划研究院.2015重庆市主城区交通运行分析年度报告［R］.重庆：重庆市城市交通规划研究所，2016.②重庆市规划局，重庆市交通规划研究院.2014年重庆市主城区居民出行调查成果分析报告［R］.重庆：重庆市城市交通规划研究所，2015.

　　根据式（4-10）计算，结果显示新增人口在成熟组团每天交通时空需求为9158.642m² · h，在粘连区的交通时空需求为13876.66m² · h。粘连区每天交通时空需求是成熟组团的1.5倍。在前文组团粘连式扩张对交通时空消耗影响的测度模型计算中，粘连区交通时空消耗是成熟组团的1.35倍。实证研究结果与模型测算结果基本一致。这也证明了在人口和出行频率相同的条件下，组团粘连式扩张会增加城市交通出行时空需求，若粘连区持续蔓延式发展，不能发展成为真正意义上的新组团，就会大大削弱组团城市的交通效率，加剧城市交通拥堵。

　　产生这种结果的原因主要有两个：第一，内部公共配套设施不完善，职住平衡较差，滋长大量的跨组团、长距离的交通出行需求。礼嘉、悦来与人和等地的职住平衡差，城市功能配套设施不完善，其周边学校、大型购物中心和医院的数量远不及两路组团与观音桥，跨组团式交通出行的需要和出行距离都远大于成熟组团。两路组团的组团间出行比例只有36%，而处于粘连区的大竹林—礼嘉与鸳鸯两地外出比例较高，达到67%与74%；成熟组团观音桥、大石坝组团的平均出行距离分别为5.3千米和4.6千米，而礼嘉组团和人和组团的平均出行距离分别为9千米和10.7千米，远远高于成熟组团，这不符合组团城市交通出行的总体特征。高比例的跨组团出行以及较高的居民平均出行距离，与组团式城市交通出行的总特征相悖。第四章的研究表明，在同等城市规模下，多中心组团城市结构的交通出行需求远低于单中心、"摊大饼"的城市结构。然而，随着组团空间规模不断扩展，粘连区将原本相对独立且平衡的成熟组团连接在一起蔓延成片，可能在局部地区形成"摊大饼"的城市空间形态，从而丧失组团式城市结构的交通优势。

第二，首先，粘连区居住密度相对较低，不利于公共交通的发展，生产生活配套设施相对缓慢和滞后，使粘连区居民日常出行不得不更加依赖小汽车。其次，被调查的粘连区开发密度低，不利于轨道交通和地面公交的发展，较远的平均出行距离和尚不完善的公交系统，使粘连区居民日常出行更加依赖小汽车。重庆渝北区的礼嘉、悦来、人和地区交通发生和吸引的交通流中，最主要方式是小汽车出行，均占到50%以上，而2015年重庆主城区居民出行小汽车出行所占比例仅为31.4%。粘连区相对较好的道路运行状况也客观上刺激了小汽车出行的增长，这些都导致粘连区居民出行方式中的小汽车比例远远高于主城区平均水平，而小汽车的单位出行空间消耗远高于公共交通。

第六章　城市功能空间布局与交通时空需求过度

城市各功能区布局是城市空间结构研究的核心内容之一，是支撑城市空间结构调整的重要力量，对城市空间结构演化和调整起着极为重要的作用。在复杂的城市功能中，产业与人口的空间分布对城市交通需求的影响最直接、影响程度最大。本章将重点关注城市产业、人口的空间布局对交通时空需求的影响。

第一节　产业和人口空间布局与城市交通系统

一、产业的空间组织形态发展

经济学中的空间问题，主要研究经济活动的空间聚集。其中，最早将空间维度引入经济学研究的是区位理论，关注"为什么某种类型的生产集中在特定的区域"。伴随着城市的发展，产业分工逐渐深化，专业化进一步增强，产业空间的组织形态经历了产业自由分散、产业集聚、产业群落三种形态，如图6-1所示。

在产业发展初期，产业组织形态呈随机分散状态，之间没有内在联系，或内在联系很少。个体企业的区位选择主要是根据如何在资源、市场、劳动力等要素分布形式给定的情况下如何布局，使个体成本最低、效益最大化，而企业、产业之间几乎不存在内在联系和组织关系，其空间分布处于一种无机分散的状态。

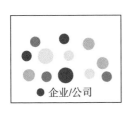

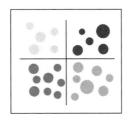

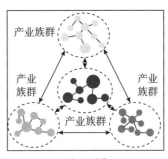

产业自由分散　　　　　　产业集聚　　　　　　　　　产业群落

图6-1　产业的空间演进示意图

资料来源：杨德进．大都市新产业空间发展及其城市空间结构响应［D］．天津：天津大学博士学位论文，2012.

随着城市规模的扩展和产业的发展，在人口密集地区，劳动分工进一步深化，专业化进一步增强，不同的行业选择不同的地理区位，大量从事同一行业的厂商、类似企业及各种相关经济主体往往集聚在一起，形成空间上的产业集聚。产业的空间集聚是某一特定产业的企业大量聚集于某一特定地区，形成一个稳定、持续且有强大竞争优势的企业集合体。在19世纪中期，英国从事羊毛纺织的工人集中居住于英格兰东北部的约克郡，又分离出精纺纺织业和羊毛纺织业两个分支，每个分支纺织业都选址于最适合自身发展的地理区位。这种集聚只是为了获得规模效益同类企业在空间上的集聚，内部企业之间没有明显的关系，其产业空间组织形态分布处于无机集中状态。

当进入知识经济时代，为能降低信息成本、物流成本等交易费用，获得最大收益，企业、产业等各种经济主体往往集聚在一起，结成高级的专业化分工和交易网络，进而推动产业群聚向较为高级的形态——产业群落（高雪莲，2007）。产业群落是指大量的相关企业和关联机构按照产业链"链接"关系集中在特定的地域范围，形成的一个有机联系的自组织系统。类似于自然生态中的"群落"，产业群落是一定时间和空间范围内的相互关联的各产业族群的集合（杨德进，2012），有机组成的族群则是特定时间阶段内各个企业个体在地域空间上的集合。空间上的聚集、内部密切的专业化分工协作关系是产业族群的重要特征，这是一种有机集中的产业组织形态。如美国的硅谷形成了微电子工业群落，而好莱坞则形成了娱乐产业群落。

二、产业与人口的区位选择

（一）企业的区位选择

在市场机制作用下，为了使土地、劳动力资金等要素达到最优化配置从而获得最大经济效益，企业的区位选择要综合考虑地租成本、职工、市场等因素。因此，企业选址时需要对影响企业的各种要素进行综合考虑，主要影响因素如表6-1所示。

表6-1　企业选址的主要影响因素

影响因素		说明
获得空间的成本和可获得性		获取空间的价格和租金以及所需其他位置特点，是企业选址极为重要的因素之一
交通便利性	公路	各类企业都需要接近这一主要的运输方式，方便物流集散以及员工和顾客的流动
	机场	对全国或全球性企业的总部运营十分重要
接近资源	接近劳动力	企业对不同类型的劳动力需求影响区位选择
	接近原材料产地	适用于原材料需求量大且运输成本高的产业
	接近顾客	对零售业和顾客服务类型的企业比较重要
	接近类似企业	许多企业聚集在工业园区、办公中心或商业区中类似企业的附近，以便更方便获取信息及顾客资源
公共服务水平及便利设施		服务类企业对公共水平及便利设施要求较高
地方政策		地方对某种产业激励政策及地方财政、税收政策对企业非常重要

（二）人口居住地的区位选择

城市居民的选址决策受到很多因素影响，消费理论认为，居民选址决策是在综合考虑各种因素的基础上，达到总效用最大化状态，即使自己获得最大的满意。在各种影响因素中，成本是居民选址考虑的最主要因素，包括地价成本以及交通成本在内的聚集成本。假设居民固定收入水平不变，在进行选址决策时主要考虑基于地价的房价成本和基于可达性的交通成本（聚集成本）单位地价 y_1 和单位交通成本 y_2 到城市中心的距离 d 的关系，如图6-2所示。单位地价成本随着到城市中心区的距离 d 增加而减少，交通成本随着 d 的增加而增加。如果仅考虑成本因素，居民会选择 d_1 作为最佳选址，因为此时总成本最低。

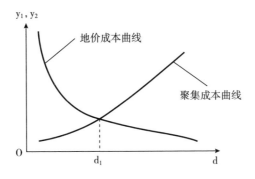

图 6-2　成本和居民选址关系曲线

由于聚集效应，城市中心区对居民选址具有很大吸引力，收入水平较高的家庭对于配套设施完善的城市中心区具有较高的认同。另外，居住选址的主要因素是工作、子女上学、休闲购物等各种出行目的实现的方便程度。从出行可达性方面考虑，距离城市中心区越近，出行成本越低。

但欧美国家汽车普及后，大多数家庭首先拥有了汽车，当人们的收入提高后，对住房的需求向着宽敞、舒适、优美的外部环境转变，人们为了避免城市中心的拥挤，更加倾向于郊区的土地和低的居住密度，因此在欧美国家郊区的区位等级感更高，收入高的群体，对通勤成本承受能力更高，从而实现通勤成本对土地成本的替代。可见，由于中西方文化和国情的不同，居民在区位观念上也有所不同。影响居民选址的主要因素如表 6-2 所示。

表 6-2　影响居民选址的主要因素

影响因素	说明
住房成本	房价和房租成本是大多数居民考虑居住地选址的最重要因素
通勤交通成本	接近工作地、通勤方便是大城市居民选址的重要决定因素，但在小城市显得没有那么重要
公共服务质量和城市配套设施	便利的公共交通设施、质量好的学校、医院和商品零售中心，较好的治安水平等也是家庭选址中非常重要的影响因素
生活品质	家庭类型不同，对生活品质的偏好也不同。年轻群体喜欢在餐饮娱乐场所附近，空巢老人喜欢在安静、休闲及文化场所附近等

三、产业、人口空间布局与城市交通系统的互动关系

产业结构映射在地理空间上形成产业布局，产业布局为城市空间结构的演化提供重要的支撑作用。产业布局和城市交通系统是相互影响的，其互动关系体现在：一是产业布局能够促进城市交通的供需关系改变，同时在城市空间结构的依托下推动城市交通系统的调整与变化；二是城市交通能够对产业空间布局起到一定的推动作用。

（一）产业与人口布局对城市交通供给与需求的影响

产业布局会对交通需求总量、流向以及途径等方面产生影响，并在此基础上对交通供给系统产生压力，从而拉动城市交通供给水平。

1. 产业、人口布局与城市交通需求

产业布局影响城市交通需求。产业的发展和不断的集聚，使城市人口的规模持续扩大，就业人口的规模和密度也有着大幅度提升，进而对城市交通需求程度进一步提高。人口就业是在产业的依托下进行的，因此产业布局与从业人口空间分布有着较为密切的联系。就业人口在工作和生活场所中来回切换，产生大量的交通流，因此产业和就业人口的空间分布不可避免地影响城市通勤交通流及其他相关交通流的分布。Schwanen（2001）对日常通勤系统进行了划分，具体分为向心型（central）、离心型（de-central）、交叉型（cross-commuting）和潮汐型（exchange-commuting）。研究表明，交叉型日常通勤系统的一个显著特点就是出行距离短；而潮汐型通勤系统受到空间错位的影响，使通勤距离较其他类型的系统相对较长，由此可以看出，导致城市交通需求程度增强、通勤距离变长的一个重要原因就是居住与就业的空间错位。

2. 产业布局与城市交通供给

产业的集聚与布局推动城市交通基础设施的发展。随着经济进程的不断推进，产业在长期实践过程中会出现区域集聚的趋势，而在这一过程中政府发挥着至关重要的作用。为了保证产业集聚效应更加显著，政府部门通常会结合当前交通现状制定一系列的政策措施，推动交通基础设施的补充与完善，保证城市交通系统与社会发展要求相适应，为产业区的发展奠定基础。

2017年4月1日，国务院设立雄安新区，作为北京疏散非首都核心功能和产

业的重要承接地，雄安新区重点布局和发展高端高新产业，交通作为先行领域，设计理念已经开始逐渐浮现并逐步实施。其中，雄安新区对外交通将主要依靠机场和高铁、高速路网，2018 年 2 月 28 日，首个重大交通项目——北京至雄安城际铁路正式开工建设，正线全长 92.4 千米，共设 5 座车站，可实现 30 分钟从北京城区到达雄安新区。新区内部将更多依靠轨道交通和地面公共交通，大广场、宽马路的传统思维将被摒弃，不"摊大饼"、不建环路，打造快速、高效、绿色、智能的城市交通体系。

（二）产业布局通过城市空间结构的支撑作用间接影响城市交通系统

产业空间是城市空间的一个核心要素。从两者之间的关系来看，城市空间和产业空间两者相互影响、相互作用。一方面，产业结构和布局的调整对城市空间结构的变化有直接影响；另一方面，在城市空间结构的调整过程中产业发挥着关键性的作用。"单中心"的城市空间结构能够有效推动公共交通系统的建立健全，但城市规模的扩大和人口的聚集会造成中心区交通拥堵；"多中心"的城市空间结构有效缓解中心区承担的交通压力，有利于职住平衡。在长时间的实践和发展过程中，我国城市大多以"单中心"的城市发展模式为主，在中心城区内集聚了大规模的产业和人口，使中心区承担着巨大的交通压力，"大城市病"凸显，不利于城市的可持续发展。

北京市中心城区（首都功能核心区和城市功能拓展区）集中了大量产业和就业人口，截至 2015 年，中心城区的城镇就业人口的比重达到了 71%，核心功能区就业密度达到 2.1 万人/平方千米，单中心产业聚集特征明显。随着中心城区产业结构的调整，由于土地级差地租的作用，大量人口从中心区转移到外围城区或郊区，空出的中心城市空间被新产业填补，金融、信息传输、软件等新产业集聚到中心城区，2012 年全市 1025 家金融业法人单位中，有 86%集中分布在中心城区内，新产业的聚集又吸引更多的就业人口。城市中心区产业的不断汇集和职住分离加剧，导致作为最主要出行目的的通勤出行呈现出典型的钟摆式向心通勤模式，早晚高峰流量巨大，交通供需不平衡加剧。只有从城市空间结构调整入手，通过调整和优化城市产业布局，充分发挥其对城市空间结构的支撑作用，促使城市空间结构由单中心向多中心转变，才能从根本上缓解交通拥堵问题。

（三）城市交通对产业空间布局的导向作用

交通作为产业布局的重要影响因素，是保证产业集聚的基础。区位理论均肯定了交通状况在产业区位选择中发挥的重要作用。随着经济活动空间范围的扩大和交通运输水平的提高，经济空间的演化与交通之间的联系更加密切，劳动、技术以及资本等要素以交通干线和枢纽为支撑在区域范围内扩散和集聚，形成了经济集聚中心和集聚带，这是交通系统与产业布局长期互相影响与作用的表现。交通系统作为支撑城市系统的骨架，可以通过集聚与扩散的作用，吸引与转移人口和产业分布、促进产业空间结构的调整与优化，对城市及区域空间形态发展具有重要的导向作用。

在便捷高效的交通系统的支撑下，长三角地区已经围绕着上海形成了很好的产业联系，以上海为龙头的其他城市为长三角地区进行相应的配套，有很多产业已经从上海疏散到其他区域，实现了良好的产业分工。上海到昆山50多千米，交通方式包括地铁、高铁（十几分钟一趟发车）、跨省公交（省际班线），使用长三角通用公交卡享有75%折扣，与地铁接驳。昆山聚集了广电、服务外包、软件、科技教育、可再生能源、高端装备制造业等产业，成为中国经济实力最强的县级市。在昆山定居而工作在上海的人更多是由于希望居住在宜居的小城市而做出的选择，通勤之路也更加从容、顺畅。

北京更多的是集聚功能，北京的行政资源以及其他的优势资源更多的是把周围地区的优质要素吸引过来，集聚效应过于强大，交通系统尚未充分发挥对"多中心"产业格局的引导作用。近年来，北京中心城区通往各郊区新城的轨道交通线路也相继开通——地铁八通线、昌平线、大兴线、房山线、亦庄线等，虽然对人口空间分布的调整与优化有一定的推动作用，但对于产业和就业"多中心"格局的形成并未起到显著的作用。之所以出现这种情况，主要原因就是公交系统尚存在缺陷和不足，各交通方式之间换乘和接驳不方便，交通可达性和通达性相对较差，难以吸引产业落户。对比北京的房价，大量在北京工作的人群选择了在北京中心向东30千米之外的燕郊购买房子。在燕郊居住的跨省上班族已超过30多万人，职住分离严重，每天忍受长时间拥挤的通勤。

第二节 交通时空需求过度的空间原因之三：产业、人口空间分布失衡

一、产业集聚、城市化与城市交通拥堵

世界发达地区基本上经历了城市化的起飞、发展和成熟阶段。工业化、城市化与运输化三者相辅相成、互动演进（荣朝和，1993）。工业革命后，人口开始由农村涌入城市，城市变得越来越拥挤。英国经济学家巴顿（1976）认为，城市是一个在有限空间地区内的各种经济市场——住房、劳动力、土地、运输等相互交织在一起的网状系统，各种活动因素在地理上的大规模集中。目前经济学家普遍认可聚集效应、规模效应和乘数效应联合作用，驱动城市化发展，使社会生产力不断地提高，向城市集中，尤其是大城市。当城市集聚到一定规模，中心引力越来越大，吸引的交通流越来越多。因此，必须找到有效分散交通流的办法，然而城市的强中心引力越大，将交通流有效分散的能力就会越弱。城市很难因为交通问题而牺牲城市强中心吸引力带来的巨大效益，人们只能一面享受大城市丰富的资源一面忍受越发拥堵的交通。韦伯（1965）在《工业区位论》中说："每一个进入大城市的人，其目的之一是为了某些经济追求。当人们有可能轻易被强大的经济力量的铁链束缚的时候，争论文化和社会动机难道明智吗？或许，今日巨大的集聚仅仅是经济和技术发展到一定阶段的必然产物；或许是我们经济制度中社会组织的结果。"交通拥堵也是城市化发展不可避免的产物，交通拥堵是聚集经济的成本之一，成本的高低在整体上决定着聚集的形成与演化。

工业革命后，人口由农村向城市大量涌入，19 世纪 50 年代，欧洲传统的城市形态已经无法承载迅速增长的人口与日益发展的综合城市的需求。与此同时，铁路由美国传入欧洲，欧洲建立了早期的铁路网。交通方式的进步，推动了城市空间的扩展，老城区增加的人口安置在郊区，开始了铁路郊区的时代。随着摩天大楼的拔地而起，城市可以容纳更多的人口，而工业生产却不可能在密集的高层

建筑中进行，建立工业卫星城成为解决这一问题的重要方法，这导致城市空间范围进一步扩大。19 世纪 90 年代，西方城市进入电车时代，交通网络辐射范围从 4 千米增加到 8 千米，并且较低的费用使产业工人承受远距离通勤，同时郊区便宜的土地价格也促使工人向外搬迁，缓解老城区居住压力，但购物中心和商务区依然占据城市中心，就业与购物的集中必然导致交通的拥挤。1943 年，芝加哥开通第一条城市中心的地铁，交通的进步解决了城市最初的拥挤。在美国，从 20 世纪 20 年代开始，汽车开始大量生产，变得越来越平民化，"汽车郊区"成为一种新的居住形态，汽车时代的到来使美国的城市公交系统逐渐萎缩。第二次世界大战，城市交通拥堵问题越来越令人担忧。汽车时代的来临，交通拥堵成为真正困扰城市的问题，至今没有得到有效解决。与汽车相关的交通拥堵始发于第二次世界大战后的西方国家城市，纽约、伦敦、巴黎等大城市先后于 20 世纪 40 年代至 70 年代经历了严重的交通拥堵。此后，陆续向东蔓延至亚洲主要城市，东京在 20 世纪 70 年代、首尔在 20 世纪 90 年代以后爆发严重拥堵。在中国，进入 21 世纪后，随着城市化的快速推进，交通拥堵首先出现在几个特大城市——北京、上海、广州、成都等，并在短短几年时间迅速蔓延至百万人口以上的大城市，甚至一些中小城市也出现了严重的交通拥堵问题，且愈演愈烈。世界各地城市大规模严重交通拥堵的出现与当地城市化快速发展阶段的时期基本是一致的。

二、产业、人口空间布局对交通时空需求影响测度

人口居住地与工作地的空间分布决定了城市居民通勤出行的时空分布特征，消费性出行的需求主要受到商业中心、配套设施与居住地的空间布局影响。本节沿用第四章的单中心城市的城市空间结构模型与交通时空需求测度方法，测度工业、商业、人口的各种空间布局，在不同交通方式下的交通时空需求。

由于城市中心区存在交通拥堵，同样距离下中心区与外围区的时空需求不同，单一小汽车出行方式下，各种布局下的出行交通时空需求可记为：

$$C = C_{中} + C_{外} = c_{中} \times d_{中} + c_{外} \times d_{外}$$

其中：

C——某次小汽车出行的交通时空需求，$m^2 \cdot h$；

$C_{中}$——中心区小汽车时空需求，$m^2 \cdot h$；

$C_{外}$——外围区小汽车时空需求，$m^2 \cdot h$；

$c_{中}$——中心区小汽车单位距离时空需求，$m^2 \cdot h$；

$c_{外}$——外围区小汽车单位距离时空需求，$m^2 \cdot h$；

$d_{中}$——中心区小汽车出行距离，m；

$d_{外}$——外围区小汽车出行距离，m。

在此模型下，小汽车单次出行共有6种路径类型（路径不同会有重复，但类型不会超出以下6种情况），如图6-3所示。各种路径类型记为 C_1、C_2、C_3、C_4、C_5、C_6，每一种功能布局的出行时空需求都是某几种出行类型的组合（路径经过中心区与外围区交界的按外围区计算时空需求）。

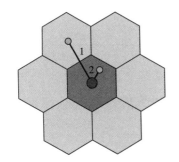 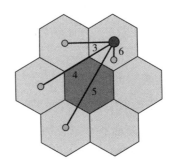

图6-3　小汽车单次出行的路径类型

在模型中增加轨道出行方式。假设一条轨道线路经过工业区和商业区贯穿城市，商业位于中心区，工业、人口任意分布，若出行路径位于轨道线路，则采取轨道而放弃小汽车出行，否则，依然采取小汽车出行，轨道交通时空需求记为 $c_{轨}$。混合交通方式下各种布局的时空需求记为：$C_T = c_{中} \times d_{中} + c_{外} \times d_{外} + c_{轨} \times d_{轨}$。

则出行路径在上述6种类型基础上增加 C_7、C_8、C_9 三种轨道出行路线，如图6-4所示。

根据模型假设，最小正六边形边长为1，根据单位时空需求计算公式和计算参数可以获得 $c_{中}$、$c_{外}$、$c_{轨}$。α 为待定交通拥堵系数。轨道交通不属于城市道路交通系统，所以中心区拥堵对其时空需求不产生影响，通过计算 C_1、C_2、C_3、C_4、C_5、C_6，时空需求如表6-3所示。

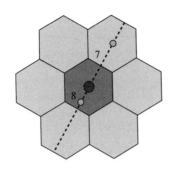 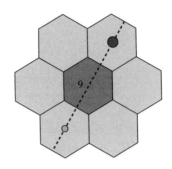

图 6-4　轨道单次出行的路径类型

表 6-3　各出行路径类型及时空需求

路径类型	C_1	C_2	C_3	C_4	C_5
时空需求	0.00266（$1+\alpha$）	0.00154α	0.00533	0.00928	0.0053（$1+\alpha$）
路径类型	C_6	C_7	C_8	C_9	
时空需求	0.00154	0.000279	0.0000698	0.000558	

（一）单一出行方式下人口、工业与商业布局的交通时空需求

考虑在单一出行方式下，即全部采用小汽车出行方式，商业、工业与居住区在城市不同区域各种布局下的出行时空需求。

各种分布下的交通时空需求记为 C_{ij}^{mn}，$i=7$，j，m，$n=1$，2，$\cdots$，7，表示商业分布在 i 区，工业区分布在 j 区，两个居住区分别分布在 m 区和 n 区布局下的交通时空需求。例如，C_{71}^{23} 表示商业区布局在中心区 7 区，工业区布局在非中心区 1 区，两个居住区布局在非中心区 2 区和 3 区，$C_{71}^{23}=C_3+C_5+C_1+C_1$。如图 6-5 所示。

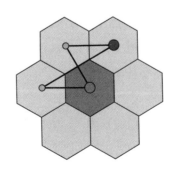

图 6-5　单一出行方式下的功能布局

当商业、工业都布局在中心区，居住地任意布局时，有 C_{77}^{12}、C_{77}^{77}、C_{77}^{17} 三种布局类型。需要注意的是，同一种布局类型可能有多种布局表达形式，例如，C_{77}^{12}、C_{77}^{13}、C_{77}^{14}、C_{77}^{15} 等，虽布局不同，但是由于距离和出行方式相同，属于同一种布局类型，为避免重复，文中只取 C_{77}^{12} 代表该类型布局，下同。

当商业布局在中心区，工业、居住地在非中心任意布局时，有 C_{71}^{23}、C_{71}^{24}、C_{71}^{26}、C_{71}^{27}、C_{71}^{11}、C_{71}^{37}、C_{71}^{47}、C_{71}^{34}、C_{71}^{12}、C_{71}^{13}、C_{71}^{14}、C_{71}^{35} 12 种布局类型。

根据时空消耗理论，各种交通方式人均时空需求计算参数如表 6-4 所示。

表 6-4 四种交通方式人均时空需求计算参数

	步行	公共汽车	小汽车	中巴车
行驶速度（m/h）	4000	15000	20000	18000
横向距离（m）	0.75	3.75	3.5	3.75
车头时距（h）	1.8/3600	4.91/3600	3.95/3600	4.23/3600
平均载客数（人）	1	50	1.25	25
人均时空需求（m²·h/车·人）	0.000375L	0.000102L	0.003072L	0.0001763L

资料来源：重庆市道路运输管理局. 重庆市道路运输发展对策研究报告［R］. 重庆：重庆市道路运输管理局，2002.

根据时空需求计算公式（4-10），各种布局类型的单位交通时空需求计算结果如表 6-5 所示。

表 6-5 小汽车出行方式下各种布局单位交通时空需求

单位：m²·h/人

布局类型	C_{77}^{12}	C_{77}^{77}	C_{77}^{17}	C_{71}^{23}	C_{71}^{24}
时空需求	0.0319（1+α）	0.0185α	0.016+0.0252α	0.0782+0.00532α	0.0586+0.032α
布局类型	C_{71}^{26}	C_{71}^{27}	C_{71}^{11}	C_{71}^{37}	C_{71}^{47}
时空需求	0.0586+0.0053α	0.0426+0.175α	0.0207+0.00532α	0.0631+0.0175α	0.0426+0.0442α
布局类型	C_{71}^{34}	C_{71}^{12}	C_{71}^{13}	C_{71}^{14}	C_{71}^{35}
时空需求	0.0782+0.032α	0.0397+0.00532α	0.0592+0.00532α	0.0397+0.032α	0.0977+0.00532α

通过取值可以计算当拥堵系数 α 在不同值时各种布局的交通出行时空需求的大小，由此可以得出在中心区不同交通运行条件下，商业、工业与居住地的各种

布局单位交通时空需求情况，计算结果如表6-6所示。

表6-6 小汽车出行方式下各种布局单位交通时空需求计算值

单位：m² · h/人

布局类型		C_{77}^{77}	C_{71}^{11}	C_{77}^{17}	C_{71}^{12}	C_{71}^{27}	C_{77}^{12}	C_{71}^{26}	C_{71}^{13}
时空需求	$\alpha=1$	0.0185	0.0260	0.0412	0.0450	0.060	0.0638	0.0639	0.0645
	$\alpha=2$	0.037	0.0313	0.0664	0.0503	0.0776	0.0957	0.0692	0.0698
布局类型		C_{71}^{14}	C_{71}^{37}	C_{71}^{23}	C_{71}^{47}	C_{71}^{24}	C_{71}^{35}	C_{71}^{34}	
时空需求	$\alpha=1$	0.0717	0.0806	0.0835	0.0868	0.0906	0.1030	0.1102	
	$\alpha=2$	0.1037	0.0981	0.0888	0.1310	0.1226	0.083	0.1422	

当 α 取1时，即中心区不存在拥堵时，C_{77}^{77} 即商业、工业与居住区在中心区集中布局下的人均交通时空需求最小，为 $0.0185\text{m}^2 \cdot \text{h/}$人，其次是 C_{71}^{11} 和 C_{77}^{17}，即商业在中心区，工业和居住地在非中心区集中布局，以及工业在非中心区，商业和居住地在中心区集中布局，分别为 $0.0260\text{m}^2 \cdot \text{h/}$人和 $0.0412\text{m}^2 \cdot \text{h/}$人。$C_{71}^{34}$ 这三种功能绝对分散的布局人均交通时空需求最大，达到 $0.1102\text{m}^2 \cdot \text{h/}$人，是绝对集中布局的6倍，此种布局下交通需求严重过度。

当 α 取2时，即中心区汽车平均运行时间是非中心区的2倍，这更符合实际情况。当中心区出现交通拥堵导致车辆行驶速度下降的情况下，各种布局的交通时空需求值均有不同程度的增加。增长幅度最大的是布局 C_{77}^{77}，增长幅度100%，这种布局下，所有出行线路都位于中心区；增长幅度最小的是布局 C_{71}^{35}，仅为5%，此种布局出行线路经过中心区的长度占总出行长度的比例最小。增幅与出行线路经过中心区线路长度占总线路长度的比重正相关。C_{71}^{11} 布局取代 C_{77}^{77} 成为时空需求最小的布局，即商业在中心区，工业和居住地在非中心区集中布局，比在中心区绝对集中的布局交通时空需求更小。

（二）混合出行方式下人口、工业与商业布局的交通时空需求

下面在模型中增加轨道交通出行方式。假设一条轨道线路经过工业区1区、商业区7区、贯穿城市，商业位于中心区，工业、人口任意分布，若出行路径位于轨道线路，则采取轨道而放弃小汽车出行；否则，依然采取小汽车出行。如

C_{71}^{23} 表示商业位于中心区，居住地和工业位于非中心区且出行路径都不经过轨道沿线，如图 6-6 所示。

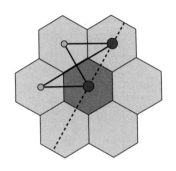

图 6-6　混合出行方式下各功能区布局

当商业、工业都布局在中心区，居住地任意布局时，有 C_{77}^{12}、C_{77}^{77}、C_{77}^{17}、C_{77}^{14}、C_{77}^{35} 5 种布局类型。当商业布局在中心区，工业布局在非中心，居住地布任意布局时，有 C_{71}^{23}、C_{71}^{24}、C_{71}^{26}、C_{71}^{27}、C_{71}^{11}、C_{71}^{37}、C_{71}^{47}、C_{71}^{34}、C_{71}^{12}、C_{71}^{13}、C_{71}^{14}、C_{71}^{35} 12 种布局类型。各种布局类型的单位时空需求计算结果如表 6-7 所示。

表 6-7　混合出行方式下各布局交通单位时空需求

单位：$m^2 \cdot h/$人

布局类型	C_{77}^{12}	C_{77}^{77}	C_{77}^{17}	C_{77}^{14}	C_{77}^{35}
时空需求	$0.0176+0.016\alpha$	0.000838	0.00209	0.00335	$0.0319+0.0319\alpha$
布局类型	C_{71}^{26}	C_{71}^{27}	C_{71}^{11}	C_{71}^{37}	C_{71}^{47}
时空需求	$0.0586+0.0053\alpha$	$0.0308+0.00266\alpha$	0.00293	$0.0503+0.00266\alpha$	0.00453
布局类型	C_{71}^{34}	C_{71}^{12}	C_{71}^{13}	C_{71}^{14}	C_{71}^{35}
时空需求	$0.0519+0.00266\alpha$	$0.0299+0.00266\alpha$	$0.0495+0.00266\alpha$	0.00385	$0.0977+0.00532\alpha$
布局类型	C_{71}^{23}	C_{71}^{24}			
时空需求	$0.0782+0.00532\alpha$	$0.0324+0.00266\alpha$			

通过取值可以计算当拥堵系数 α 在不同值时各种布局的交通出行时空需求的大小，由此可以得出在混合交通条件下，商业、工业与居住地的各种布局交通时

空需求情况，当 α 分别取 1 和 2 时计算结果如表 6-8 所示。

表 6-8　混合出行方式下各种布局单位交通时空需求值

单位：$m^2 \cdot h/$人

布局类型		C_{77}^{77}	C_{77}^{17}	C_{71}^{11}	C_{77}^{14}	C_{71}^{14}	C_{71}^{47}
时空需求	α=1	0.000838	0.00209	0.00293	0.00335	0.00385	0.00453
	α=2	0.000838	0.00209	0.00293	0.00335	0.00385	0.00453
布局类型		C_{71}^{12}	C_{71}^{27}	C_{77}^{12}	C_{71}^{24}	C_{71}^{13}	C_{71}^{37}
时空需求	α=1	0.03256	0.03346	0.0336	0.03506	0.05216	0.05296
	α=2	0.03522	0.03612	0.0496	0.03772	0.05482	0.05562
布局类型		C_{71}^{34}	C_{77}^{35}	C_{71}^{26}	C_{71}^{23}	C_{71}^{35}	
时空需求	α=1	0.05456	0.0638	0.0639	0.08352	0.10302	
	α=2	0.05722	0.0957	0.0692	0.08884	0.10834	

当商业、工业和居住功能区在中心区集中布局，或者在中心区、非中心区相对集中，并且出行路径经过轨道沿线时，如 C_{77}^{77}、C_{77}^{17}、C_{71}^{11}，交通时空需求值相对较小，均小于 $0.003 m^2 \cdot h/$人；功能相对分散，但是出行路径经过轨道沿线的布局次之，功能分散且出行路径也不经过轨道线路的布局如 C_{71}^{35} 出行时空需求最大，超过 $0.1 m^2 \cdot h/$人。

当 α 分别取 1 和 2 时，C_{77}^{77}、C_{77}^{17}、C_{77}^{14}、C_{71}^{11}、C_{71}^{14}、C_{71}^{47} 几种布局人均交通时空需求值不变，这是由于这几种布局下出行路径都经过轨道交通线路，因此不受中心区地面交通运行环境的影响，其他布局在当 α 分别取 1 和 2 时，各种布局交通时空需求值有所增加，但大部分增加幅度较小，增加在 10% 以内，只有 C_{71}^{35} 和 C_{77}^{12} 增加幅度较大，在 40% ~ 50%，这是由于其出行路径没有经过轨道线路，受中心区地面交通运行环境的影响较大。

当 α 取值相同时，与单一小汽车出行相比，混合出行下时，出行路径经过轨道线路的布局人均交通时空需求都有大幅减少。当 α 取 1 时，混合出行下时空需求最小的 C_{77}^{77} 布局计算值为 $0.000838 m^2 \cdot h/$人，远远低于单一小汽车出行下此布局的时空需求值为 $0.0185 m^2 \cdot h/$人，仅为后者的 1/22，这是由于轨道交通的单位占用空间远低于小汽车，大大减少交通时空需求。

通过分析两种布局模型下的交通时空需求计算结果可以看出：

第一，产业、人口在城市的空间布局是影响城市交通时空需求的重要因素，产业、人口等功能分布的空间失衡是城市交通时空需求过度的重要原因。在模型假设下，各种功能区分布相对越分散，交通出行时空需求越大，而混合集中式的土地利用模式缩短了出行距离，从而减少了交通时空需求，这支持了新城市主义高密度、多样化、混合式的土地使用模式，有利于增强城市空间的综合效益的观点。

第二，使用轨道交通出行能够大大降低交通时空需求。在出行总长度中经过轨道线路的比重越高，与单一小汽车出行相比，节约的交通时空需求最大。这支持了新城市主义中最具代表性的 TOD 模式的主张——以轨道公交站点为中心、以适宜步行的路程为半径建立集工作、商业、居住、教育等为一体的城区——在这种模式下，出行的起讫点都在轨道站点附近，使得出行路径位于轨道线路之上，大大减少交通时空需求。

第三，地面交通运行状况也会在一定程度上影响各功能区之间所产生的交通时空需求量，从而影响各功能区的最优布局，当采用小汽车出行时，这种影响尤其大，但对轨道、小汽车混合出行方式下的布局影响不大。

第三节　实例分析——重庆市城市空间、产业布局演化与城市交通发展变迁

重庆，简称渝，1929 年正式建市，位于我国西南、长江上游地区。1997 年被定为中央直辖市，目前是超大城市、长江上游地区经济中心、金融中心和创新中心，国家对其定位是国际大都市，是我国中西部水、陆、空型综合交通枢纽。主城区是重庆都市区的核心，占地 5473 平方千米，其中可供集中城市建设用地范围主要集中在缙云山和铜锣山之间的 1000 多平方千米。

截至 2020 年底，重庆市主城区人口 1034 万，建成区面积 1566 平方千米；重庆市公路线路里程 18.1 千米，公共汽车运营量 13754 辆，公交客运量 171287 万人次，轨道交通通车里程 343 千米，轨道交通客运量 83975 万人次。

一、重庆市城市空间结构的演化阶段

从历史上来看，重庆市的城市空间演化与城市交通经历了漫长的发展，其发展特征具有一定的阶段性，尤其是中华人民共和国成立后，重庆的城市空间规模和形态都发生了巨大的变化。重庆作为典型的多中心组团城市，组团作为重庆城市形态单元，具有显著的历史继承性。本书根据重庆市空间结构形态和发展特征的不同，将重庆城市空间结构的演化分为历史奠定阶段（20 世纪 30 年代至 70 年代）、稳定发展阶段（20 世纪 70 年代末至 90 年代末）和快速发展阶段（20 世纪 90 年代末至今）。

（一）历史奠定阶段的城市空间（20 世纪 30 年代至 70 年代）

历史奠定阶段重庆中心城区主要集中在长江和嘉陵江交汇的渝中半岛处，重庆是一个半岛城市，当时建成区面积约为 30 平方千米。

《陪都十年建设计划草案》首次提出疏散市区人口，降低人口密度，发展卫星城镇的设想，规划了弹子石、沙坪坝、铜元局等 12 个卫星市。该规划用地布局具有了现代大都市的圈层概念，是重庆当代城市空间格局之思想策源。该计划草案的用地和路网规划并没有采用中国古代中轴线手法，也没有采用欧美方格网加放射路的方法，而是遵循重庆城市的地理环境，整体上随山就势，自由分布，现实性较强，交通规划理念与其城市规划思想结合紧密。奠定了"大分散、小集中、梅花点状"的城市组团发展形态的基础。

1951 年，重庆市确立了以"大坪、杨家坪、石桥铺"三角地区为重庆市新城市中心的总体布局。在新市区中心，对产业进行了初步的规划。规划提出"大坪、杨家坪、石桥铺三个新市镇以商业为主，小手工业与市民居住为辅，公园设于杨家坪西南"。在新市区的东北、西南、西北三个方向分别布置了三个以经济、工业、文化为主要功能的中心区，包括东北方向原渝中半岛的原有城市中心、江北的江北城、观音桥以及南岸的弹子石、龙门浩一带为经济中心；西南方向的大渡口、李家沱、鱼洞地区为工业中心；西北方向的沙坪坝、磁器口、小龙坎为文化中心。

1960 年重庆市编制完成了《重庆市初步规划》，继续沿用"大分散、小集中、梅花点状"的布局原则，并强调将工业在更大范围内分散，规划了市中区、

大杨区、大渡口区、沙磁区、中梁山区、江北工业区、弹子石工业区、南坪工业区、李家沱—道角工业区九个片区，在外围规划了北碚、歇马、西彭、南桐四个卫星城。在这一阶段逐步形成了重庆市多中心组团式的城市空间结构。

（二）稳定发展阶段的城市空间（20 世纪 70 年代末至 90 年代末）

改革开放之初至直辖之初是重庆市的稳定发展阶段，城市范围逐渐扩展。在这一阶段，重庆城市主要以渝中半岛为根系，规划城区范围：东至真武山麓，西至歌乐山脚，北至双碑、松树桥、寸滩，南至人和场、苦竹坝一带，形成了喇叭形主城区。到直辖初期，以解放碑中心、观音桥副中心、南坪副中心、杨家坪副中心和沙坪坝副中心为支撑的"多中心、组团式"的城市空间结构初步形成，建成区面积约为 160 平方千米。

1983 年，国务院批准了《重庆市城市总体规划 1983—2000 年》，该规划指导了重庆直辖前十余年的城市发展。1983 年总体规划将城市发展从之前的无序状态引导到统一规划、集中建设的现代城市发展道路上，确立了多中心、组团式的城市空间布局，为后来的城市格局和城市建设打下了基础，奠定了主城区的交通格局，也明确了重庆新时期工业布局的指导思想。规划范围重点为"母城"，其范围东至真武山麓，西至歌乐山脚，北至双碑、寸滩一线，南至人和场、苦竹坝一线，面积约 140 平方千米。"母城"范围以外分布有 4 个卫星城、8 个小城镇、20 多个工业点和 200 多个农村场镇。

（三）快速发展阶段的城市空间（20 世纪 90 年代末至今）

20 世纪 90 年代后期重庆直辖后至今，主城区城市空间进入了快速扩展阶段，在这一阶段，城市规模有了飞跃式发展，城市中心区主要集中在中梁山、铜锣山之间，并向西向北扩展，建成区面积迅速扩展至 1494 平方千米。组团城市结构范围扩张，核心区内组团就地平衡生产生活的功能强化，组团功能迅速变化，组团中心得到强化，组团逐步充实，核心区以外的小城镇如大学城、茶园新区、鱼嘴新区等新建城镇成为新的城市组团。"多中心、组团式"的城市空间结构进一步形成。1998 年版城市规划提出了主城片区。组团和外围的都市区架构，对重庆城市空间结构发展演进奠定了规划基础，如图 6-7 所示。

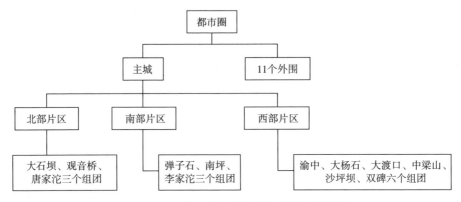

图 6-7 1998 年总体规划重庆都市圈层次结构

资料来源：根据《重庆市城市总体规划（1996—2020 年）》整理。

2007 年的城市规划，延续了 1998 年对重庆城市结构空间的定位，并做了进一步深化和延展。2007 年城市总体规划将都市区空间层次划分为主城区和郊区两个部分。主城区为集中进行城市建设的区域，范围为 2737 平方千米，其中，中心城区位于中梁山和铜锣山之间，是主城建设的主要区域和旧城所在地，范围为 1062 平方千米，郊区范围为 2736 平方千米，城市空间结构为"一城五片、多中心组团式"。主城由中部、北部、南部、西部、东部五大片区组成，多中心包括 1 个城市中心和 6 个城市副中心，主城区建设用地分为 16 个组团和 8 个功能区，如图 6-8 所示。

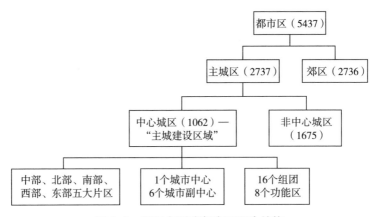

图 6-8 2007 年重庆都市区层次结构

注：括号内为所占面积（平方千米）。

资料来源：根据《2007 重庆市城市总体规划》整理。

重庆主城区组团式、多中心的布局主要在中梁山和铜梁山之间的城市槽谷地带展开，传统的城市五大中心，即渝中区观音桥副中心、南坪副中心、杨家坪副中心和沙坪坝副中心都位于这一槽谷的城市内环线路以内，造成大量的城市服务功能在内环线以内这一狭窄空间重复集聚，而绕城高速的城市外圈新开发的地区，却因缺乏相应的产业支撑，无法有效吸引人口。此外，五大城市中心和副中心之间的自然山体、水系被大规模的城市开发，组团之间的隔离带被破坏，导致各中心城区蔓延粘连。如上清寺与李子坝、两路口与大坪、南坪与菜园坝，原来都有比较明显的自然山体或水体阻隔，随着城市的急剧扩展，这些组团之间的边界已经被模糊，以前不同的区域连成一片。主城区内部城市空间的无序蔓延，诱发城区交通聚集，疏解难度大，降低了组团城市的效率。

二、重庆市产业结构及布局演变

重庆产业结构及布局的变迁受到国内外环境、国家战略、制度变迁、技术进步及交通运输发展的影响，本书根据产业结构及布局演变和发展特点，将其分为三个阶段：早期的产业结构及布局（1949 年以前）、稳定发展阶段（1949 年至20 世纪 90 年代末期）、快速发展阶段（20 世纪 90 年代末至今）。

（一）早期的产业结构及布局（1949 年以前）

重庆是中国西部最早的工业城市，截至 1933 年有棉织厂、电厂、矿业开发等近代工业工厂 77 家。工业空间主要集中布局在今天的渝中区、南岸区的铜元局、弹子石江、江北的三洞桥一带。1937~1940 年，从沿海内迁到重庆的工厂达到 351 家，到 1944 年底，重庆工厂达到了 1518 家。

陪都时期重庆的产业以制造业为主，主要包括军工制造、机械制造、钢铁、日用品生产和化工产业，分布范围主要集中在渝中半岛，以及长江及嘉陵江南岸地区，万州和涪陵也有一些分布。大量内迁的工厂使重庆的工业结构由以轻工业为主发展成重工业占主导的综合性的工业基地。

（二）稳定发展阶段的产业结构及布局（1949 年至 20 世纪 90 年代末期）

1964—1980 年"三线建设"时期是重庆现代工业体系建立完善的重要时期。这一时期的建设扩大了重庆工业规模，形成了冶金、机械、化工、纺织、食品五大支柱产业和门类较齐全的现代工业体系。该时期重庆工业布局的范围向长江重庆段的下游、嘉陵江重庆段的上游扩展，并逐渐深入山区腹地，布局追求"山、散、洞"的原则。

改革开放后，重庆市工业布局加快调整。从1983年开始，对"三线"企业实行撤、停、转、迁的调整改造，工业开始逐渐向主城区集中。1991—1993年，重庆成立高新技术开发区和重庆经济技术开发区两大国家级开发区。重庆高新技术开发区面积73平方千米，主要包括位于九龙坡区的石桥铺高科技开发园、二郎科技新城和北部新区高新园，初步形成了电子信息、生物工程和新医药、新材料、机电一体化四大主导产业。高新区在空间形态上为重庆市工业集聚布局、产业配套化发展做出积极探索。重庆经济技术开发区位于南岸区的南坪，形成了电子信息、生物医药、汽摩、精细化工及新材料、绿色食品、服装六大支柱产业。

(三) 快速发展阶段的产业结构及布局 (20世纪90年代末至今)

1997年，重庆直辖后，重庆产业进入了快速发展的新阶段。《重庆市城市总体规划1996—2020年》明确规定，重庆是我国重要的工业城市、交通枢纽和贸易口岸，是西南地区和长江上游最大的经济中心城市和科技、文化、教育事业的中心。2001年，渝北区设立北部新区，以高新技术产业为主导，对优化重庆工业布局产生了积极作用。2002年起，重庆市政府启动内环线以内的企业搬迁工作，自"十五"到"十一五"期间，重庆有60家污染中的工业企业迁离主城区，空出的土地主要为商贸、都市型工业提供用地。

主城区是重庆高端服务功能的所在地，也是一般加工制造产业和市民居住的场域，重庆主城多种功能空间交叉重叠，特别是一些低端城市功能挤占了大量的优质城市空间资源，也极易带来交通拥堵等"城市病"。重庆江北区的海尔路沿线，既是重庆主城核心区所在，也是重庆大型物流吞吐和周转区域。长期以来，大型物流运输车辆与社会车辆在此地交会，运输、生产与居住等功能交织混杂，功能布局极为散乱，导致区域宜居和就业环境糟糕。与此同时，重庆城市核心区周边城市功能比较单一，多为中低端的生产加工产业，城市功能不突出、不明确，都市区与周边城镇分工不协调。

传统的五大城市中心已经无法满足重庆主城区扩展的需要，要从更大范围考虑重庆城市新中心的构造，以有效疏导过密的产业和人口，为人口向新的城市中心分散集聚创造条件，以实现重庆主城区人口、产业、空间上形成合理均质的分布，缓解和消除城市交通拥堵等"城市病"。

根据《重庆市城乡总体规划（2007—2020）》，构筑以高新技术产业和现代制造业为龙头，现代服务业为依托，现代农业为基础的产业体系。大力发展知识密集、技术密集、高效益、低消耗、少污染、具有竞争优势的产业，形成符合城市功能要求、体现资源比较优势的产业结构。重庆五大片区的功能定位体现了重庆市产业的空间布局，如表 6-9 所示。目前，重庆形成了以两江新区为龙头，西永、两路寸滩保税区为极核，高新、经开、万州、长寿 4 个国家级开发区为中坚，36 个市级特色工业园区为支撑的开发区平台体系，这些园区是产业发展的空间载体，一些主要的产业园区已经形成了自己的主导产业。在主城区还包括CBD、金融区、高教区等一批现代服务业的空间聚集。

表 6-9　主城区五大片区功能定位及主要产业园区分布

片区	范围	主要园区	功能定位
中部片区	中梁山和铜锣山之间，长江和嘉陵江环抱的区域	重庆互联网产业园、九龙坡工业园	以金融、商贸、现代物流及都市区旅游为主的第三产业。以重钢搬迁为契机，提升大渡口的城市功能，分担杨家坪城市副中心的部分职能
北部片区	嘉陵江以北，中梁山和铜锣山之间的区域	两江新区、空港工业园区、两路寸滩保税区	主要承接旧城区疏散人口，部分公共服务和交通功能，高新技术和汽车为主导的产业聚集区；提升蔡家和两路组团中心的服务功能，分担观音桥—新牌坊城市副中心外溢的部分城市职能。北部新区、江北城以现代商务为重点，寸滩集装箱港口龙头寺客运中心和航空枢纽为标志的交通功能
南部片区	铜锣山以西，长江以南和以东的区域	会展中心、盘龙工业园区、高新工业园区、鸡冠石工业园区、长江工业园区	以会展、商贸、都市旅游、教育科研为主导，承接旧城区转移的部分工业
西部片区	缙云山与中梁山之间的区域	西永微电子产业园区、大学城	北部和中部以科研教育、服务业、休闲旅游为主导，西永城市副中心，吸引和集聚人口与产业；南部为工业扩展重点区域，承接旧城区部分工业，是城市重点扩展区域
东部片区	铜锣山与明月山之间的区域	茶园工业园区	茶园城市副中心吸引和集聚人口与产业，是城市重点扩展区域

资料来源：根据《2007 重庆市城市总体规划》整理。

三、重庆市交通发展变迁

（一）历史奠定阶段的城市交通（20 世纪 30 年代至 60 年代）

《陪都十年建设计划草案（1946—1956）》中，提出了建立郊区外环、市中心区内、外环的三层环状干道网络；建设 4 座跨两江大桥；优先修建两江沿江公路；增辟道路交叉点面积；开建高速电车；新建崇文场缆车、歌乐山电缆车（首次提出在重庆建设电缆车这种垂直客运方式）；增设了弹子石永久性机场等方面的规划内容，确定了超级干道 33 米，市中区干道 22 米，一般道路 15 米的道路标准。该计划草案中的交通规划构想为重庆向"华西政治、经济、交通、商业之中心"发展奠定了基础。

1949 年后，重庆各项建设事业迅速发展，为适应更大规模建设的需要重庆编制完成了 1960 年总体规划。规划目标是将重庆逐步建设成为一个钢铁、机械制造、电机交通工具制造、重化工的综合性现代化工业城市，成为西南各省经济协作区的主要基地之一。1960 年总体规划适应了当时工业发展的需要，对当时的工业布局和城市骨架形成起到了一定的指导作用，确定了充分利用山城自然特点，吸收发达国家城市建设经验，大力发展多种现代化交通工具、充分利用两江水利，大力发展水上运输等原则，提出了明确道路分工（主要客运干道、主要货运干道、生活街道、过境干道、次干道等）；规划建设 7 座跨嘉陵江、长江大桥；形成内、外环线和直通放射线组成的"枝状自由式"路网结构；提出组织立交、开辟地下隧道、合理规划停车场库、开行地下铁道等规划方案；确立了主干线 30~40 米，至少四车道；次干线 18~25 米，至少三车道；支路不小于 12 米，至少两车道的道路标准。

这一时期，伴随近代工业的发展，城市借舟楫之便跨越两江，又随着交通方式由水运向公路演变，逐步向西扩展。城市空间范围主要在渝中半岛，由于该地区地形高差大，城市道路系统主要是步道，该系统在交通出行中发挥了重要作用。

在这一阶段重庆主城区交通基础设施建设有了初步发展：1929 年和平隧道通车，1966 年嘉陵江大桥通车，1967 年向阳隧道通车，1969 年朝阳大桥通车。此时货物运输除了渡轮主要是靠人力，市内人们出行基本是靠步行（梯坎儿）

或轮渡（人渡、车渡），另外还有少量的公共交通出行，但由于公共交通基础设施的不完善，乘车困难是当时人们的普遍感受，公交出行比例不大，其他机动车出行也很少，如表6-10所示。

表 6-10　历史奠定阶段重庆主要的交通方式

出行方式	时间	类型	具体描述
梯坎儿	1937~1945 年	步行	主城区居民出行主要依靠步行方式，步行交通线路主要是梯坎儿，现在梯坎儿也成为重庆市的一种城市特色
轮渡	1938 年以来	人渡	20 世纪 80 年代重庆轮渡最辉煌时，总共有轮渡近 40 艘，过江航线多达 19 条，通达主城各区及沿江一些乡镇，平均每天的乘客量超过 30 万人次
	1935 年以来	车渡	1961 年重庆市车渡管理站成立，车渡管理站辖下还有另外 6 个车渡码头，分别是储奇门到海棠溪渡口、菜园坝到铜元局渡口、李家沱到九渡口、鱼洞到吊儿嘴渡口、中渡口到石门渡口、北碚人民路到黄桷树渡口，但随着重庆的大桥越建越多，这些车渡码头相继停运
公交	1949 年初	公交	全市只有 11 辆公交车。当时的主城区只有一条线路，即从曾家岩到小什字，后延伸到朝天门。还有两条到郊区的线路，一条从七星岗到小龙坎；一条从七星岗到北碚
有轨电车	1937~1945 年		《陪都十年建设计划草案》中规划三条线路，甲线从龙门浩到磁器口，全长 14.75 千米，乙线从龙门浩到南温泉，全长 19.49 千米，丙线从龙门浩到大田坎，全长 6.9 千米，总运量约 10 万人次/天

资料来源：根据相关文献资料汇总整理。

（二）稳定发展阶段的城市交通（20 世纪 70 年代至 90 年代末期）

从 20 世纪 70 年代末开始，面对工农业需求，基础设施建设得到大力发展，城市规模进一步扩大，城市组团的数量逐渐增加，组团功能开始逐步完善、规模逐渐扩大。随着组团的发展，城市交通方面逐步明确道路分工、架设两江大桥、一部分跨江大桥、穿山隧道建成通车：在嘉陵江，1988 年石门大桥通车，双向四车道，1999 年黄花园大桥通车，双向六车道。在长江，1980 年，长江大桥通车，双向八车道，1997 年李家沱大桥通车，双向四车道。此外，穿越铜锣山、中梁山等山体的 11 个穿山隧道建成通车。城市公路开辟道路环线和复线。交通基础设施的发展大大改善了人们的出行条件。

在这一阶段，交通基础设施的发展为公共交通发展创造了条件，出租车登上历史舞台，小汽车开始出现，城市居民出行有了更多选择，如表 6-11 所示。但此时，由于重庆山城的地理特点，步行仍然是居民出行的最主要方式。

表 6-11 稳定发展阶段重庆市主要的交通方式

出行方式	时间	具体描述
步行	20 世纪 60 年代至今	1949 年后，有的土路铺上了石子，道路状况稍有改善，居民出行全靠一双脚
公交		20 世纪 60 年代石油短缺，重庆出现了"气包车"，将瓦斯用橡胶大包包在里面，置于车顶，绳索固定，灌满后能跑 100 多千米，2003 年才退出历史舞台
出租车	20 世纪 90 年代至今	红色的奥拓车，打车被称作"打拓儿"，乘坐的人也少
缆车	20 世纪 80 年代达到最辉煌时期	缆车位于望龙门滨江码头，是我国最早建成的一条公路客运缆车。客运线全长 178 米，上下高差 46.9 米，20 世纪 70 年代两辆客车厢初期每天上下运客约 1 万人次。后来又修建了两路口、千厮门、朝天门货运缆车

资料来源：根据相关文献资料整理。

（三）快速发展阶段的城市交通（20 世纪 90 年代末至今）

1. 交通发展

重庆成为直辖市后，随着城市定位的提升、城市空间规模的迅速增长和组团的不断充实，在城市交通各个方面也随之匹配。《重庆市主城区综合交通规划（2010~2020 年）》提出"公交优先"、建立以轨道交通为骨干的多层次、全方位的立体客运交通体系，加强站场设施建设，重视静态交通，加强交通管理现代化，并以轨道、城市道路（高速公路）、地面快速公交为主体，交通换乘枢纽为依托，出行在空间分布上全线贯通。

交通基础设施建设有了跨越式的发展：在城市道路方面，建立人车分流、客货分流的干道网络系统；组织复线分流、大力开辟生活区道路；内环高速和外环高速分别在 2002 年和 2009 年建成通车；2020 年道路总长 1.1 万千米，城市桥梁（包括人行天桥）2173 座。截至 2021 年穿越中梁山、铜锣山道路隧道 30 座，跨长江、嘉陵江大桥 34 座,成为中国唯一的桥都。

公共交通方面,截至 2020 年,公交场站 62 座,公共汽电车运营数 13754 辆,公共汽电车运营线路总长度 27219 千米,公共汽电车客运量 17.2 亿人次;出租车拥有量 22475 辆,出租车年总客运量 6.2 亿人次,主城区轨道交通运营里程 343 千米,轨道交通年客运量 8.4 亿人次。

这一阶段,随着经济发展和生活水平的提高,人们的出行方式比以前更加多样化,除了步行、摩托车、地面公交车,还出现了出租车、私家车、轨道交通等新型方式。随着公路的建设,公交车的数量和容量大大提高,摩托车进入了家庭,为出行带来了方便;20 世纪 90 年代以后,居民出门"打的"已成家常便饭,重庆市区公交车、出租车明显增多,方便了百姓的出行,但是仍然出现乘车难的问题,重庆市政府为缓解"乘车难",组织力量探索发展公交客运交通的新途径——索道。20 世纪 90 年代,出行方式变化则是私家车逐年增多,进入 21 世纪后,小汽车数量开始呈爆发式增长。重庆市主要交通方式的变化如表 6-12 所示。

表 6-12 快速发展阶段重庆市主要的出行方式

出行方式	时间	具体描述
摩托车	20 世纪 80 年代至今	20 世纪 80 年代,摩托车是家庭富裕的象征,骑着一辆摩托车游走于大街小巷无疑会引来不少羡慕的目光。从摩托车开始,中国人的出行方式被大大改变了
公交		从 20 世纪 80 年代开始,重庆市区地面公交车明显增多。2015 年,公交场站 52 座,地面公交车辆 8754 辆,运营线路 573 条,地面公交线路总长 9097 千米,线路网长 2543 千米
过江索道		重庆出现了过江索道。1983 年 1 月,国内第一条跨江公共客运索道起于渝中区沧白路,横跨嘉陵江至江北区金沙街,全长 740 米,日运客 0.97 万人次
		重庆第二条客运索道——长江客运索道于 1987 年 10 月建成投入运行。该索道起于渝中区长安寺(新华路)横跨长江至南岸区的上新街(龙门浩),全长 1166 米,日运客 1.05 万人次,有"万里长江第一条空中走廊"之称
出租车	20 世纪 90 年代至今	老百姓出门"打的"已成家常便饭,出租车方便了百姓的出行,让老百姓的生活安上了车轮

出行方式	时间	具体描述
私家车	20世纪90年代至今	20世纪90年代后期，私家车走进百姓生活，进入21世纪以后私人小汽车数量出现了"井喷式"的增长
轨道交通	21世纪初	2004年第一条轨道交通线路二号线（较场口—鱼洞）开通，2011年轨道一号线（小什字—尖顶坡）、三号线（鱼洞—江北机场）开通，2012年六号线（茶园—北碚）开通，2013年六号线（礼嘉—悦来）开通。2017年共有六条线路，总里程达到264千米

资料来源：根据相关文献资料汇总整理。

2. 交通拥堵

从快速发展阶段重庆居民出行交通工具的变化来看，重庆市经历了由非机动出行为主向机动出行为主的重大转变，这种转变也极大地影响了人们的活动半径。在以步行和其他非机动方式为主的时期，重庆主城区的建成区面积为160平方千米，"一主四副"的五大城市中心主要集中在内环以内的空间范围内，五个中心的通勤距离和通勤时间均能使其保持相对的独立。私家车和轨道交通时代，重庆城市的空间尺度被放大了十多倍。原来解放碑中心和观音桥副中心、南坪副中心通勤时间基本在10分钟以内实现点对点通达，从这个意义上说，三个中心形成了一个整体的巨型城市中心；组团之间的通行量增加，呈现粘连式发展，组团之间的交通干线出现了城市新拓展地区非组团式发展的趋势。重庆传统的城市组团结构已经出现了变异，组团结构发生变化，原有的职住平衡有被进一步打破的危险，交通压力越来越大，城市发展要求与交通需求开始出现矛盾，各组团对外出行比例正在以较快的速度增加，交通瓶颈制约更加凸显，中心区交通拥堵日益严重，组团之间联系通道趋于饱和。

2017年重庆主城区私人小汽车拥有量达到108.2万辆，同比增长9.5%。重庆主城区汽车特别是私家车拥有量的快速增长，对主城区的交通形成了巨大压力。早晚高峰时段，五大传统城市中心的平均车速为14.5—20千米/小时，核心区高峰时段平均车速为22千米/小时，明显低于拓展区的26.5千米/小时。这种"内紧外松"的发展态势若不及时修正，会引起严重的交通拥堵、环境污染的"大城市病"。

事实上，在快速发展阶段，重庆市尤其是都市核心区，交通拥堵已经出现并且范围迅速蔓延，程度日益加深。2016 年，主城区路网的交通压力进一步加大，最拥堵的 17：35—18：35 时段，高峰小时交通运行指数已达到 4.9，马上进入交通运行指数 5.0 的拥堵状态；都市功能核心区 16 座桥梁中有 10 座已进入常态化拥堵，桥梁全日拥堵时长增加约 40 分钟。拥堵的程度与核心区常住人口的增长和机动化水平的迅猛增加有密切关系，如表 6-13 所示。

表6-13　重庆市主城区交通拥堵发展态势与人口数量机动化的关系

发展时期	常住人口	机动化水平	拥堵特征
2000~2005 年	2005 年 645.5 万人	2005 年：机动车 30.2 万辆，其中客车 15.5 万辆，私人小汽车 10.2 万辆	在个别交通点段，拥堵初露端倪
2005~2010 年	2010 年 745.8 万人	2010 年：机动车 66.7 万辆，其中客车 41.6 万辆，私人小汽车 32.5 万辆	车速整体下降，拥堵逐步扩展；拥堵范围扩大、人们开始意识到拥堵
2010~2015 年	2015 年 834.8 人	2015 年：机动车 126.4 万辆，其中客车 103 万辆，私人小汽车 86.3 万辆	出现大规模、规律性拥堵；路网整体脆弱，走向全面拥堵

资料来源：根据历年《重庆市主城区交通发展年度报告》和《重庆统计年鉴》整理。

为了应对主城区日益严重的拥堵状况，重庆市规划局在《重庆市主城区综合交通规划（2010—2020）》中制定了"交通发展战略规划"。重点解读"畅通重庆"的交通发展目标，协调城市发展目标与交通发展目标，制定差别化的重庆特色分区、分期发展目标和指标体系，协调交通发展与土地使用，保障交通投资的来源和效果，形成可持续发展的交通模式。提出了"公交优先、注重特色、引导空间"的主城区综合交通发展总目标。形成以快速轨道交通（城市轨道快线、城市铁路）和快速道路为联系的交通主体，支撑和引导卫星城和外围城市组团发展的交通网络。

在未来的发展中，包括重庆在内的各大城市交通发展都面临着机动化和城市化的双重压力。人们已经认识到交通拥堵是产业集聚、城市化快速发展阶段的产物，是城市发展中各种复杂矛盾的集中体现，交通拥堵的缓解和治理是一个长期且艰难的过程。

第七章　城市交通拥堵的空间治理

　　交通拥堵是交通供需矛盾的体现，产生原因也极其复杂。本书第四章分析了城市交通需求的四个主要影响因素，即人口总量、出行频率、出行距离和出行单位占用空间，其中人口向城市聚集和经济活动频率增加是城市化和城市经济发展的必然结果，在相当长的时期内难以改变，由此带来的交通需求增长是刚性的、难以避免的，因此本书不做讨论。出行距离增长、单位出行空间占用增加在很大程度上是由于城市空间因素不合理造成的，这些因素导致的交通需求增长具有一定的柔性和可塑性。第四、五、六章分别对城市空间结构、空间形态和功能布局对交通时空需求的影响进行了理论和实证研究，认为"城市空间结构不合理，城市空间形态变异，产业、人口空间分布失衡"是造成城市交通时空需求过度、加重交通拥堵的三个重要原因。城市空间对交通拥堵的影响机理如图7-1所示。基于以上分析，本章拟从城市空间结构与形态、功能布局和交通空间三方面提出削减城市交通时空需求的空间缓堵对策。

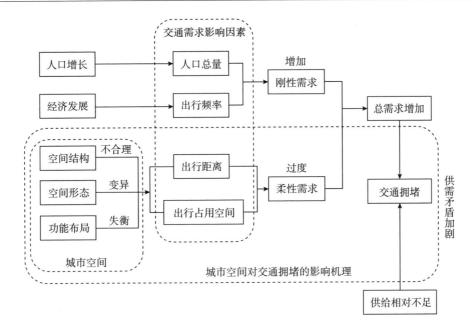

图 7-1 城市空间对交通拥堵的影响机理

第一节 优化城市空间结构，完善多中心城市空间形态

一、传统单中心城市多中心化

对于传统的单中心城市，当平均出行距离和出行时间超出居民可接受范围时，靠增加供给和需求管理已无济于事。因此，要摒弃单中心圈层式的城市扩张模式，合理发展多中心城市空间布局。对于已经形成单中心结构的大城市，不能仅仅从地理上在城市边缘设立卫星城或新城，在形式上建立多中心的城市结构，还要同时考虑各种城市功能的合理配置问题。

对于北京、上海这样的特大城市，多中心结构的范围应扩大到地区范围，将包括城市在内的整个地区作为一个整体考虑，通过政策和公共服务设施供给的引导，以及市场的调节，疏散非核心功能，在中心城市的周边区域，形成若干个新城、次中心，实现城市功能在更大区域空间上的多中心优化。在北京，承载首都核心功能的中心城区和周边顺义、大兴、昌平、怀柔等 10 个城区，在区域范围内实现联动发展，形成北京大都市区。在上海，上海城区与周边区域实现融合发展，和苏州、无锡、南通、宁波、嘉兴、舟山等地区构建"1+6"协同发展，形成总面积为 2.99 万平方千米，人口约 5400 万的上海大都市圈。

多中心结构必须以发达的公共交通体系作为支撑，快速交通体系、公共交通体系与多中心结构相匹配。采用协调的交通系统如公共交通系统尤其是城市轨道交通，进行中心地之间的连接。建成轨道交通主导下的快速交通体系，建立多点支撑、空间相对分散又高效联系的大都市圈。

需要注意的是，多中心布局的有效确立，无论是城市内部的多中心结构，还是区域范围的大都市区、多中心城市群，都要把握次中心在商业、居住、就业等主要生产、生活功能在地域空间上的协调与有机混合，防止边缘组团或卫星城功能单一，沦为"卧城"。

二、多中心城市防止粘连式扩展

(一) 在组团城市规划和开发中避免低密度、粘连式扩展

首先，防止成熟组团之间粘连式发展，在开发没有自然山水屏障的区域时，尤其要重视保持组团间的界限，对于组团间隔离带的规划和管理要赋予足够的刚性，严防低密度、无序蔓延。其次，在完善组团内配套服务与设施的同时，在交通组织中适当控制跨组团道路建设规模，快速提高跨组团轨道交通供给水平。大量的组团间道路建设在短期能方便跨组团出行，但在长期会刺激更多的跨组团汽车出行需求，削弱组团式城市交通优势，因此，在满足跨组团交通需求、保证跨组团道路交通基本畅通下，对跨组团道路的建设规模进行适当控制，使跨组团出行需求和组团间通道供给在一定程度上保持平衡。在城市规划时，适当控制跨组团道路周围土地的开发规模，坚持以"干线+片区自由式"的路网布局维护多中心组团城市的空间发展特征，避免因追求短期内交通便捷而破坏原有组团空间形态，导致组团粘连现象。

（二）对已形成组团粘连区，完善功能尽快过渡成为新组团

对已经形成的粘连区，要建立和强化中心服务功能，引导新组团集中紧凑发展，在中心区域交通环境最大承受容量内，尽可能对组团中心及周围土地高密度的开发利用，使其对周围区域具有向心吸引力。另外，充分考虑区域内部的基本公共产品、配套产业的需求量。合理配置公共资源，使粘连区域具有较为完善的教育、医疗、文化、商业等城市配套设施，实现公共服务相对均等化。防止区域间过度分工，让出行目的地在区域内部实现，达到组团内部生产、生活的大致平衡。需要指出的是，由于不同土地用途的竞租能力不同，在市场机制下，很难在区域中心实现功能混合，需要政府进行干预，形成居住与就业等功能在地域空间上的协调与混合。粘连区发展成为真正意义上的新组团，才能从根本上减少跨组团出行需求，减少城市交通时空需求，提高组团城市交通效率。

（三）突出交通引导城市发展策略，发挥轨道交通骨干作用

重视交通对城市空间布局的影响作用，以交通为导向支撑和引导多中心组团城市空间布局的调整和优化。采用公共交通系统尤其是轨道交通进行中心地之间的连接，是减少多中心组团城市交通需求，提高交通运行效率的重要措施。具体来说，以轨道交通站点带动土地使用的调整，对新组团中心进行高强度的开发和建设，其他地区进行有效控制，实行区域差别政策避免低密度蔓延。在土地开发强度、居住、就业岗位汇集的组团中心布局轨道交通线路和站点，将公共建筑和居住向轨道车站集中，同时加强轨道站点与周边公共建筑、交通设施之间的缝合，提高轨道车站周边支路网的密度，缩减步行距离，提高片区的可达性，提高轨道交通可达性和使用效率。

第二节　多中心就业与城市功能复合

一、不同土地用途的竞租能力

住宅、商业以及工业三种用地在竞租能力上有差异，伴随城市化的深入而改

变。在城市化成熟阶段，三者的空间竞租曲线表现出商业用地、住宅用地、制造业用地依次降低，由图7-2的阿隆索竞租曲线可知。当前，国内各大城市的地价已到达或者接近城市化成熟阶段，最高为商业用地，依次为居住用地、制造业用地。

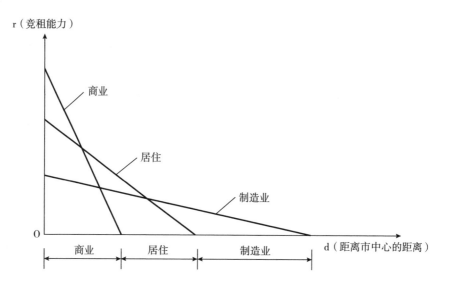

图7-2 商业、工业、住宅用地阿隆索竞租曲线

在完全竞争市场中，特定区位上经济部门类型的分类通过土地市场的竞价均衡来完成。土地租价最高的是商业与服务业，常常占用城市中心区域的土地。工业与住宅在城市化的各个阶段的竞租能力变化，但不管怎样后两者均没有办法代替商业占据城市中心位置。诸如华尔街汇聚了国际上不同金融机构与百余家大型集团总部与庞大的就业人口，属于全球就业密集度最大的区域，但是无住宅，政府通过规划于周边建立了兼具住宅与休闲功能SOHO区与Tribecca区。

在对产业进行分析时，服装业以及制造业具有不同的特征要区别对待，形成多个就业中心，而这些就业中心都依据制造业和服装业来展开，要想实现居住和就业的平衡，就必须使居住地区的服装业和制造业混合在一起，形成商住合一的商业中心。住宅地区不再独立使用土地，而是要对商业以及工业和居住之间的土地进行租赁。但这种情况需要政府干预，禁止单一功能的土地开发。

二、各种土地利用类型的特征

房地产业将工商业建筑精细划分成住宅和非住宅两大类。

住宅包括公寓与别墅两种类型，其中公寓大部分处在城市中心区，有多层与高层楼房之分，面积大小不等。别墅大部分处在城郊，有独栋与联排两种类型别墅之分，其面积大、价格高。除了上述两种之外，还出现了一种综合商用与住宅功能的 SOHO 公寓，不但可以居住，还引进了写字楼与休闲设施。

非住宅建筑包括工业与商业两类建筑。其中，工业建筑涉及厂房、管理开发场所以及物流仓储，一些工业厂房因为不适宜垂直发展、占用土地面积过多，而且因为噪声与环境等因素，通常不适合于城区内或者住宅区周边构建。工业仓储占用面积比较多，但是伴随管理方式与物流技术的更新和运用，工厂自有仓储的占地面积不断减少，工厂的管理与开发基本在写字楼开展，现在较为常见的设置在位于城市非核心区或边缘地区的综合制造、物流、开发以及管理等诸多功能的工业园区，同时在园区周边设置居住区域相关配套设施，进而让员工平时的生活所需得以满足。

商业建筑涉及写字楼、餐饮酒店等服务业。与工业写字楼有所差别，其通常建立于城市核心区，用户一般是在本地市场从事保险、地产、金融、财务以及保健的服务业，此类用户对客流量与交通有所要求。

零售物业指商户把产品与服务通过零售的形式向广大民众进行销售所需的营业场所与相关配套设施，诸如购物中心与独立商店等。其中，购物中心综合了不同种类的商店，是一种通过总体筹划、建设、管理而形成的群体商业机构，首先要让大型百货公司与超市等主要与次主要商店入驻进来，再结合规划设计引进零售、餐饮以及文娱等业态和销售专柜，进而展开总体经营与管理。结合地址选择与所在商圈的差异，购物中心分为社区型、邻里型、区域型以及超区域型等不同类型。其中，社区型与邻里型两种购物中心的商圈范围在 5～10 千米以内，容易完成休闲消费、居住等功能的综合，其不足在于规模不大且就业层次较低。区域型与超区域型两种购物中心一般有 24 千米与 40 千米的商圈范围，这些场所常常被叫作 CBD 中心，容易完成休闲消费与就业等功能的综合，但是居住功能的实现难度较大。在美国部分超区域购物中心占用相当大的面积，一般设置在城郊，消费出行主要依赖汽车，很明显这与我国倡导的出行方式不相符。独立商店具体包括服饰店、家具与日用品店、家电店以及不同类型的便利店等。

三、产业与就业多中心布局

中心城区拥有大量就业机会，若城市仅设置一个就业中心，则不管城市居民住在何处，就只能在此中心进行就业。在单中心模式不断演变进程中，随着城市规模持续拓展，公众的出行距离持续延长，这明显提高了出行费用。并且，很多往中心商业区汇聚的交通基础设施，让市中心的交通流量日益扩大，交通堵塞问题日益严峻。集聚效应的出现是城市形成的根本原因，但是此种集聚同样会引发负面影响，诸如各种污染、居住空间缩小、交通堵塞等。伴随集聚规模持续扩大，其所形成的消极影响也在持续加强。所以，在城市发展至某种规模之后，伴随交通堵塞等消极因素的增多，必然会由单中心朝着分散方向演变。

但产业和就业过于分散也会产生大量分散的交通流。一些大规模的产业群和产业链分散分布在城市不同的区域内，产业链中各个产业环节在空间上布局不合理，产生大量不应有的交通流，如图7-3（c）所示。以重庆市支柱产业——汽车制造业为例，汽车制造的主体、配套等产业链几乎遍布各个区县，如此分散的产业布局，必然产生大量的人、车交通流。这些不合理产业布局一旦形成，便难以改变，将长期固化，产生不合理的交通流，并随着产业的增长而顽固地增长。因此，产业和就业无论是单一中心聚集还是布局过于分散都不利于城市交通的高效运行，实现多中心、相对集中布局既能避免单中心就业带来的交通拥挤和污染，又能避免分散布局产生的大量不合理的交通流量。

如图7-3所示，某产业的产业链分布情况，实线代表产业链间交通流，虚线代表通勤交通流。如图7-3（a）所示，假设在一定区域范围内某产业相关产业链高度集聚形成一个大就业中心，则产业链之间的相关交通流可以忽略，但是就业中心以外的通勤交通会从外部各地汇集，就业中心交通拥挤，且出通勤距离长；假设某产业相关产业链完全分散分布，如图7-3（c）所示，则产业链之间的交通流以及通勤交通流分布混乱复杂，出现大量不合理交通流；假设产业链中

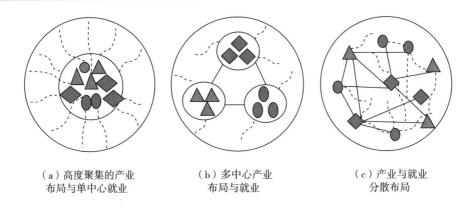

（a）高度聚集的产业　　　（b）多中心产业　　　（c）产业与就业
布局与单中心就业　　　　布局与就业　　　　　分散布局

图7-3　产业、就业空间布局与交通流示意图

同类产业聚集形成多中心就业区，如图 7-3（b）所示，则通勤交通分散汇集于
多个就业中心，避免了单中心就业带来的远距离通勤和就业中心交通拥堵，且产
业链之间交通流有序可控。

四、城市功能多元复合开发

《雅典宪章》（1933）中提到了城市功能分区理念，应当构建就业、住宅以
及娱乐等功能分区，同时构建交通网把三大功能区衔接在一起，运用绿色隔离带
或者缓冲带把不同功能区进行分隔，利用此种分区方式把污染较大的工业同居
住、娱乐以及商业等功能分开。一直以来，城市的建设规划均受到此种功能分区
理念的影响。但是伴随城市迈进后工业阶段，此种功能分区理念的缺陷开始凸显
出来。把城市空间划分成不同的单一类型，诸如就业、娱乐以及生活等，已无法
与城市发展需求相符，此种功能分区还会导致交通拥堵等问题。因此，产业空间
的功能应该注重有机复合，在适度土地利用功能混合和相互不造成影响的基础
上，进行相关联的功能适度复合，如大都市中央商务区内，允许居住、办公、餐
饮、娱乐、休闲等功能高度混合，以增强空间的活力和综合效益。对于功能过于
混杂的旧城区也要进行功能化改造，适度划分功能区以避免人流、车流混杂造成
的交通拥堵，如图 7-4 所示。

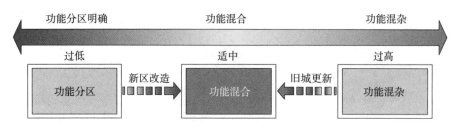

图 7-4　适中功能混合的城市空间开发模式

在城市规划和建设中注重区域职住平衡、功能混合、削减跨区交通需求。功能混合尤其是居住和就业的平衡，有助于减少交通需求的产生。居住和商业混合或者居住和工业混合，形成商、住合一的商业中心，以及职、住合一的工业中心。或者商业、工业、居住的功能能够以某种形式混合在一起，如混合用途写字楼、都市综合体，商业中心以都市综合体的形式，把标志性写字楼与公寓、购物、餐饮、健身等功能混合在一起，或者在商务区的周围建设混合用途写字楼；工业中心则在生产区的周围建设都市综合体的形式，尽量在中心区形成综合功能的态势。由于商业和工业对土地竞租的能力不同，区域功能的混合和职—住—商平衡，需要政府出面协调规划。具体如图 7-5 所示。

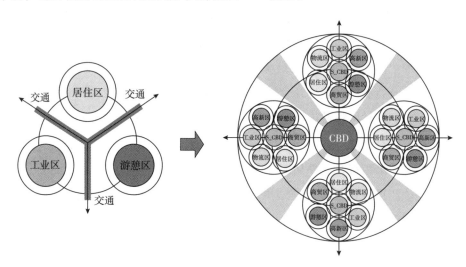

图 7-5　城市空间的功能多元复合开发模式

居住地的扩展需要与城市其他功能同步发展，在居住地向中心区外围扩展的同时，城市的其他基础设施，包括教育、医疗、金融、市政等相关部门也要同步向外延伸，只有居住地向城市外围延伸的城市发展不是真正意义上的城市发展。城市经济社会规划布局，要充分考虑区域内部的基本公共产品、配套产业的需求量，尤其是教育、医疗、金融等人口集聚度高的产业，合理配置公共资源，实现公共服务均等化，防止区域间过度分工，让出行目的地在区域内部实现，从而减少跨区域交通需求。虽然人们一直在追求"职住平衡"以降低出行量，但是如果过于强调和追求"职住平衡"会牺牲经济效率，我们能做的就是在这两种外部性中找到平衡点。而对于医疗、教育等社会公共服务设施的空间布局就不存在上述问题，因此，城市公共服务设施在空间上的合理配置，对降低交通出行需求具有明显的作用。

第三节　以人为本的综合、立体交通

人性化的交通从本质上来讲是以人为本，除了满足生产生活出行需要的同时，还要满足更高层次的交通需求。人性化城市交通是使生活在城市中的交通参与者以最少的时间和最经济的成本、最低的身心消耗和最愉快的体验方式实现他们出行目的的一种交通状态。

一、综合交通方式

（一）各种交通方式

人们所接受的步行距离大约在 500 米，最大不超过 1000 米。出行时间大概在 8 分钟之内。自行车的出行距离一般在 6000 米左右，最大不超过 8000 米，出行时间大约在 30 分钟。机动车主要包括公共汽车、地铁、轻轨、小汽车等。城市之间机动出行方式主要包括磁悬浮列车、飞机、高速列车以及小汽车等。城市内的机动车出行时间大概在 30 分钟到 1 小时之内，最长不超过 1.5 小时。城市间可接受的时间范围大约是一天。随着工作效率的提升，人们对于出行时间的要求则越来越短。目前，中国的京津城际交通只需要半小时，这大大提高了从北京到天津的时间距离。随着高速公路的不断修建，使小汽车出行变得更加方便。小汽车的时速一般在 20—80 千米/小时，因此，无论是在城市中心还是在城市之外，小汽车的使用范围都较广。如果仅仅在城市内部鼓励利用公共交通方式，而城市之间大量使用小汽车，也会造成连接城市的高速公路交通堵塞。荷兰正是由于高速公路上大量使用小汽车使城市之间的联系十分密切。许多人经常在一个城市工作而在另一个城市居住。虽然荷兰兰斯塔德是世界公认的多中心布局，但交通拥堵依然日益严重。所以在城市内部要考虑综合交通方式，而在城市之间要考虑交通方式的综合。

由轨道交通或小汽车决定的城市半径或中心半径较大，然而小汽车能耗大、污染大、载客率低，不适合大城市尤其是高密度的城市中心使用；而轨道交通能耗和环境污染较小，载客率高，不占用地面空间，适合作为城市中心之间的连接纽带。常规公交和 BRT 适合次中心与中心之间的地面辅助连接，步行及自行车是就近上班、购物、娱乐等的主要交通方式，同时也可作为连接到公共交通的辅助方式。低密度、偏远地区、不适合公共交通的地方，则主要借助小汽车出行。多种交通方式的合理运用，各类交通工具综合利用，完善公共交通网络，才有可能将城市连接成为高效运转的网络。

（二）交通方式之间换乘

城市内部出行链可划分为三个阶段：第一阶段是从出发地到主要运输线路，可以是步行、骑车或乘公交车。第二阶段是在主要线路上运行以到达目的地，这可以是轨道线路或者公交线路，也可以采取多种不同的形式。第三阶段是下车后到达最终目的地的路程，这也可以采取多种不同的交通形式。一个理性的交通选择必须考虑以上三个阶段，因为每一段都有其成本，包括时间成本、经济成本、体力消耗等。如果第一阶段和第三阶段的成本过高，甚至第二阶段也要经过多次换乘，那么过高的出行链的成本会使人们更加倾向小汽车出行。只有当人们觉得交通方式之间的换乘便捷、愉悦、人性化，城市的综合交通供给才是令人满意的。所以，在整个出行链中，不同交通方式之间的衔接与换乘是十分重要的。

人们的出行起点如果是住宅，那么目的地可能是娱乐场所、购物店以及工作场所。商业中心或者是工业中心都可以通过都市综合体或者是混合写字楼的形式将公寓、购物、健身、餐饮等综合在一起，从而减少交通流在市中心过度集中。如果在此基础上，添加交通功能的混合，那么无论是尽可能地就近上班步行或自行车，还是通过公共交通去其他中心上班、访友、公务等，都会非常便利。这样都市综合体将成为具有换乘枢纽功能的中心。

值得注意的是，近年来各大城市共享单车发展迅速，在很大程度上解决了出发地到主要交通线路，以及下车后到最终目的地这两段路程的交通问题，而在一些城市，共享汽车为第二阶段的出行提供了更加便利和相对经济的选择，共享经济已经成为城市综合交通的有利补充，并且具有广阔的发展空间。

二、综合交通网络

网络是由若干节点和节点之间的若干线段连接起来的连通图。广义的交通网络可分为有形的交通运输网，以及无形的电信、互联网络；狭义来说指交通运输网络。城市内部交通网络中的节点即各种交通枢纽、车站以及更大尺度范围内各种运输方式的结合区，如城市中心、次中心甚至整个城市；交通网络中的线段可以是各交通枢纽、交通场站、城市中心、次中心乃至城市与其他周围城市之间的道路、轨道、航道、航空线等交通线路。多种交通方式的连接形成了交通枢纽，它保证整个交通运输网络的畅通运行，各种交通方式的运输线路只有通过交通枢纽才能形成一个有机整体，因此交通枢纽的设计与建设十分重要。城市内的多个中心要由交通枢纽构成，城市作为更大的中心节点联通更大范围内的区域交通网络。交通网络的畅通，要求城市内各级中心以及区域内各中心都是交通枢纽，并且交通枢纽的规模要与各级中心规模相适应。

电信与互联网迅速发展，与有形交通网络共同支撑城市的人流、物流及信息流的流通。随着科技推动人们生活方式和工作方式的改变，无形网络在越来越大的程度上对有形传输实现替代，如电视、电话会议减少了人们在有形空间聚集的必要性，网络购物取代传统购物方式，使分散、随机的消费出行可以被系统化的物流配送方式所取代，从而提高交通出行效率，减少有形交通网络的压力。在一定程度上，信息网络的优越性甚至可以削弱传统地缘优势的重要性，但是无形网络并不能完全替代有形的交通网络，最好把无形和有形的交通网络有效结合起来，实现城市整体交通网络效率最大化。

通常而言，居民出行主要是为了工作、消费以及休闲，如果从住所出发，其目的地为消费休闲或工作等场所，本书在第四章中提出工业和商业中心形成混合功能的综合可以大大降低交通时空需求。如果在城市功能混合的基础上，增加交通功能的综合，使城市综合体具有交通换乘枢纽功能，则不管是在周围就业，还是乘坐方便的公共交通前往别的地方，出行均会更为方便，出行所耗费的个人与社会成本会大大缩减。然而，在市场机制作用下，由于不同产业的竞租能力差异，导致居住地和就业中心在城市空间上分离，在无政府干预的情况下，通过竞租将交通、居住、工作、购物、娱乐等地融合在商业中心地几乎不可能。目前，国内外较为推崇的 TOD 开发模式，此模式具体涉及下面两类：第一，社区（邻里）TOD，将居住功能作为主体，配合商业、娱乐等设施功能，现在较为成功的社区 TOD 案例多集中于外国部分公共交通村或小型卫星城，此种 TOD 模式并不适用于人口密度较大的中国大城市；第二，城市 TOD，将商业、娱乐以及办公等功能作为主体，拥有比较高的商业与就业密集度，搭配居住与交通枢纽功能的综合体，一般欠缺居住功能或者居住占比不高，但是能够将大量外部交通流集聚于此。因此，单个以"城市综合体+交通换乘枢纽"的城市 TOD 中心还不够，应当将各种规模的城市 TOD 中心作为单元，实现网络化与多中心，同时结合聚集产业种类及规模，构建不同中心间的主次联系与彼此间的距离，让不同中心的就业与居住比例基本上平衡。如图 7-6 所示。

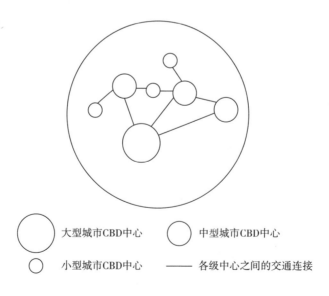

图 7-6 城市 TOD 中心空间分布示意图

交通网络的综合主要包括区域交通网和城市交通网的连接与综合。具体来说，区域交通主要包括高速公路、铁路、航空等，在一些城市还可以通过水路交通方式连接。在城市内部交通网主要包括道路轨道和高架桥。如果将两个网络分开来考虑，那么在城市交通越来越密切联系的状况下，只会使交通网络无法有效地为城市网络提供支撑，空间扩展在不同的区域和城市内部都不能顺利地展开。人们会因为种种不便更加依赖于小汽车。目前人们已经意识到必须要将铁路和城市轨道交通紧密联系在一起，将长途交通和城市公共交通融合为一体。区域交通网以及城市交通网都会因此形成多种交通方式综合，并能在两网之间转换，由此来形成一体化的交通网络。这样一来，交通网络不仅能够支撑在城市内所形成的多中心网络化的城市形态，还可以支撑区域内所形成的多中心网络化的城市网络体系，从而使城市与城市群之间的同构性变得更强了。同样在城市内部也具有更为小型的同构分形体。由于这两者具有相同的结构，所以对于两者的解决方法是相同的。

结合城市结构构成的角度来看，城市的多种交通方式在都市综合体中汇聚并形成有机、有效的网络结构，无论是轨道、高架、道路、地面还是地下都是综合交通运输体系当中的一部分。正是由于在这些网络结构中充当了都市综合体结构中"架"的基础元素，换乘枢纽都市综合体的中心作为基本的空间单元，由"架"串联成网，继而成面便形成了城市内部多中心网络。在此基础上形成区域内的多中心城市网络体系，层级发展越来越高，直到形成更大范围的多中心网络。由此可见，交通网络的演变与城市网络体系的空间结构是相互联系在一起的，而城市内部的多中心网络体系以及城市网络体系具有相同的结构，层层叠加、环环相扣。离开交通网络这一基础，城市运转则十分困难，所以要解决交通问题首先要考虑交通之外的因素，交通并不是独立存在的事物而是与国家的经济发展以及城市区域的经济发展紧密联系在一起的。

三、立体交通

城市综合交通网除了考虑有形、无形的网络问题，还要考虑水平空间和垂直空间的利用问题。由于城市地面容量的有限性，向空中、地下立体延伸是城市空间以及城市交通网络未来发展的必然趋势。大城市产业和人口的高强度集聚，使得对城市公共交通需求急剧增加。另外，大城市高密度的城市建设又导致了城市地面公共空间的稀缺，而这客观上要求城市空间向立体化方向发展。

城市空间立体化与城市交通立体化有相当密切的关系。首先，随着城市交通运输的发展，平面的道路体系往往不能满足城市的需要，可建设由行驶在不同空间的各种交通工具组成的立体体系，高架的、地面的、浅层的、深入地下的，以地面为主、上下补充的交通空间和交通组织方式相结合，既可以扩大空间容量，又可以实现不同使用功能的有效分隔。其次，交通空间立体化是构建立体化城市空间的直接方式。利用交通立体化让人、车完成分流，利用方便快捷的交通推动城市往高空扩展空间，往地下开拓空间，同时将交通系统尤其是步行系统作为桥梁把建筑空间衔接起来，实现对垂直空间总体的有效使用。在交通组织上表现为内部交通与城市地上、地下、地面三维交通动线及人行步道系统连接成网，进行三度空间功能分区，形成一种复合空间的结构模式。

巴黎拉德方斯新区，多数是体量较大的建筑综合体，在设计在商业服务设施时，运用了分散和集中相融合的规划方式，中心的综合交通系统运用人、车分流模式，构建成立体三层交通体系，把车流与轨道交通全部置于地下，保证新区拥有足够的地面空间与完整的街面。用一个钢筋混凝土平台（长和宽分别是600米和70米）将公路、地铁以及人行道划分得井井头条，不同车辆行驶通畅，此外地下通道基本上把地面所有建筑衔接起来，同时在地下设立了32000个车位，地下停车场和办公楼通过电梯进行联系；地面当作步行交通使用，地上的步行通道畅通发达，设有人工湖、花园等，不但让步行交通的需求得以满足，还创建了休闲娱乐空间。通过几十年的构建和完善，已有超过1500家公司入驻拉德方斯区，为15万人提供就业，使其变成将商务办公作为主体，同时带有休闲、商业、居住等功能的大型商务办公区。

立体空间的合理利用，使多种交通方式在城市内部的集合不至于拥挤杂乱，过于紧凑而失去了效率，实现现代化城市的紧凑、高效、有序。

第八章　结论及展望

第一节　结论

　　当前，我国正处于城市化和工业化高速发展的进程中，巨量的人口和要素源源不断地向城市快速汇集，城市空间、产业空间及人们的经济活动空间也都处于快速发展与大幅重塑过程中。在城市化早期，造成交通的供需矛盾主要存在于城市交通系统内部，通过提高交通基础设施的供给水平和交通管理水平可以在一定时期缓解这一矛盾。当城市化进入快速发展期，交通供需矛盾主要来源于城市交通系统以外的环境，受到经济、社会、政策等各种因素的综合影响，仅靠供给侧治理已经不能解决。本书对城市空间与城市交通的交互关系进行了研究，认为城市空间规模与城市交通具有动态推拉作用，梳理城市空间结构形态与城市交通的交互作用机制，揭示城市功能布局与城市交通的互馈关系，并以东京和北京为例进行了实例分析。本书在时空经济研究框架下，以中心地理论和时空消耗理论为基础，研究城市空间对城市交通拥堵的影响机理，并从空间层面提出需求侧拥堵治理措施。首先分析了城市空间与城市交通的交互关系及互馈框架，然后从城市空间结构、形态、城市功能布局三个层面，研究了城市空间对交通时空需求的影响机理并进行了实证研究，并基于此提出了城市交通拥堵的空间治理路径。主要工作及研究结论如下：

第一，城市空间规模与城市交通系统存在动态推拉关系，交通方式发展推动城市空间规模扩展，城市空间扩展到一定阶段又会拉动对城市交通工具和设施升级，从而继续推动城市空间下一周期的扩展与演化。交通可达性作为城市交通与城市空间的纽带，对城市空间形态和功能演变产生引导作用。城市的功能布局发展经历了"功能混杂—功能分区—功能混合"螺旋上升的发展阶段，在这个过程中，交通方式及交通基础设施的发展为城市功能布局的演变和发展提供了重要的支撑。

第二，同等城市规模和功能区布局下，组团功能完善的多中心城市结构交通出行时空需求明显小于单中心城市，单中心城市结构存在大量的过度交通需求，但组团功能不完善的多中心城市结构依然存在大量过度交通需求，与单中心相比没有明显优势。该结论在一定程度上支持了多中心城市有助于提高城市交通效率的论断。

第三，组团粘连式扩张是多中心城市空间形态变异的一种，粘连区具有位于组团之间，开发密度低，城市功能配套不完善和公共交通供给不足的特征，通过模型模拟测度和实证研究表明，多中心组团粘连区居民平均出行距离和时间更长，跨组团交通量更多，小汽车出行比例更高，粘连区的交通时空需求远大于非粘连区，组团粘连式扩展会加重多中心城市交通拥堵。

第四，通过城市空间模型，测度各种功能布局及交通方式下的交通时空需求，结果显示，混合交通方式下的商业、产业、居住地集中混合式的布局交通出行需求最小，但集中于城市中心区也不是最优布局，认为产业人口空间布局失衡是城市交通时空需求过度的重要原因，并且交通结构与地面交通运行状况也是影响城市交通时空需求的重要因素。

第五，城市交通拥堵的空间治理可以从三个层面着手：一是优化城市空间结构与完善多中心城市空间形态，传统单中心城市要发展功能完善的多中心布局，同时多中心组团城市避免粘连式扩展造成空间形态变异。二是城市功能多元复合开发，产业与就业多中心布局。三是建立以人为本的综合交通方式、综合交通网络、立体城市交通体系。以"城市综合体+交通换乘枢纽"的城市 TOD 中心为基本单元，构建城市内部的多中心网络。

本书的创新点包括：

第一，构建了城市交通时空需求研究框架，将时空消耗理论的应用从交通工程领域的局部测度扩展到时空经济的研究，构建不同形态的城市空间模型及交通时空需求测度方法，分析城市空间因素对交通时空需求的影响机理，扩展了交通需求研究理论与方法。

第二，刻画了城市空间对交通拥堵的影响机理，提出城市空间结构不合理、空间形态变异、产业和人口空间分布失衡，是交通时空需求过度的三个空间原因，为交通拥堵治理的空间治理策略的提出奠定了理论依据。

第三，界定了组团粘连的概念，提出组团粘连是多中心组团城市空间形态变异的表现之一，并对多中心组团粘连式扩展及其交通影响进行了系统的研究。研究发现，组团粘连区居民平均出行距离和时间更长，跨组团交通量更多，小汽车出行比例更高，粘连区的交通时空需求远大于非粘连区，会削弱多中心城市在交通上的优势，加重城市交通拥堵。

第二节　展望

城市交通需求与拥堵治理研究涉及众多学科领域，本书的研究工作只涉及该研究系统的一部分。另外，由于本人的时间和能力有限，一些内容也需要进行更深入的研究与探讨：

本书从城市结构、形态进行研究，对城市空间规模、就业中心的规模与交通拥堵之间的关系没有涉及。如何协调城市空间形态、城市规模与交通系统使之能够达到最优配置，如何实现这种配置，需要进一步深入研究。

本书的交通时空需求测度方法以区域集计方法为主，而目前国外主要使用非集计方法，因此，非集计方法以产生交通活动的个体为单位建立城市交通时空需求测度方法，需要进一步研究。

交通拥堵是城市系统发展过程中的问题之一，在现实中，空间拥堵治理手段的实施是否会对其他城市子系统造成影响，出现效益背反，在交通拥堵治理过程中涉及的多方面利益主体之间的矛盾是什么？如何解决，也需要进一步调查和研究。

参考文献

[1] Adams J. S. , VanDrasek B. J. , Phillips E. G. Metropolitan Area Definition in the United States [J]. Urban Geography, 1999, 20 (8): 695-726.

[2] A. H. Maslow. A Theory of Human Motivation [J]. Psychological Review, 1943 (50): 370-396.

[3] Bertaud A. World Development Report 2003: Dynamic Development in a Sustainable World Background Paper: The Spatial Organization of Cities [R]. World Bank, 2003.

[4] Bertini R. L. You Are the Traffic Jam: An Examination of Congestion Measures [C]. Washington D. C. , 85th Annual Meeting of the Transportation Research Board, 2005.

[5] Bilal Farooq, Eric J. Miller. Towards Integrated Land Use and Transportation: A Dynamic Disequilibrium Based Microsimulation Framework for Built Space Markets [J]. Transportation Research Part A, 2012 (46): 1030-1053.

[6] Bourne L. S. Internal Structure of the City [M]. Oxford: Oxford University, 1982.

[7] Boyce D. E. , Lundqvist L. Net Work Equilibrium Models of Urban Location and Travel Choices Alternative Formulations for the Stockholm Region [R]. Papers for the Regional Science Association, 1987.

[8] Brotchie J. F. , Diekey J. W. , Sharpe R. Toraz Planning Techniques and Applications [Z]. Lecture Notes in Eeonomics and Mathematical Systems Series,

1980.

[9] Burgess E. W. The Growth of the Eity: An Introduction to a Feserch Project [M]. Chicago: The University of Chicago Press, 1925.

[10] Caindec E. K., Prastacos P. A Description of POLTS. The Projective Optimization Land Use Information System [R]. Association of Bay Area Govemments Dakland, 1995.

[11] Cervero R., Landis J. Suburbanization of Jobs and the Journey to Work [R]. Working Paper No 83. The University of California Transportation Center, 1991.

[12] Cervero R., Wu K. L. Sub-centering and Commuting: Evidence from the San Francisco Bay Area, 1980—1990 [J]. Urban Studies, 1998, 35 (7): 1059-1076.

[13] Dickey J. W., Leiner C. User of TOPAZ for Transportation – Land Use Planning in A [M]. Washington: National Academy of Science, 1983.

[14] Echenique M. H. The Use of Integrated Land Use Transportation Planning Models: The Cases of Sao Paulo, Brazil and Bilbao, Spain. The Practice of Transportation Planning [M]. Elsevier: Netherlands, 1985.

[15] Foley L. D. An Approach to Metropolitan Spatial Structure in Webber M. M. Exploration into Urban Structure [M]. Pennsylvanian: University of Pennsylvanian Press, 1964.

[16] Fujita M., Thisse J. F. Globalization and the Evolution of the Supply Chain: Who Gains and Who Loses? [J]. KIER Working Papers, 2003, 47 (3): 811-836.

[17] Giuliano G., Small K. Is the Journey to Work Explained by Urban Structure [J]. Urban Studies, 1993 (9): 1450-1500.

[18] Giuliano G., Small K. Sub-Centers in the Los Angeles Region [J]. Regional Science and Urban Economics, 1991 (2): 163-182.

[19] Gordon P., Richardson H. W., Jun M. J. Are Compact Cities a Desirable Planning Goal [J]. Journey of American Planning, 1997 (1): 95-106.

[20] Gordon P., Richardson H. W., Jun M. J. The Commuting Paradox: Evidence from the Top Twenty [J]. Journal of the American Planning Association, 1991 (4): 416-420.

[21] Gordon P. , Wong H. L. The Cost of Urban Sprawl: Some New Evidence [J] . Environment and Planning, 1985 (17): 661-666.

[22] Hailong Su, Jia Hao Wu, Yinghui Tan. A Land Use and Transportation Integration Method for Land Use Allocation and Transportation Strategies in China [J]. Transportation Research Part A, 2014 (69): 329-353.

[23] Harold C. The Study of Urban Geography (Fourth Edition) [C] . London: Arnold (A Member of the Hodder Headline Group), 1995.

[24] Harris C. D. , Ullman E. L. The Nature of Cities [J] . The Annals of the American Academy of Political and Social Science, CCXII, 1945, 242 (1): 7-17.

[25] Harvey D. Class Structure in a Capitalist Society and the Theory of Residential Differentiation [M] . Beverly Hills: Stage Publications, 1975.

[26] Hoyt H. The Structure and Growth of Residential Neighborhoods in American Cities [M] . Washington: Government Printing Office, 1939.

[27] Hunt J. D. , Simmonds D. C. Theory and Application of an Integrated Land Use and Transport Modeling Framework [J] . Environment and Planning, 1993 (20): 221-244.

[28] Hunt J. D. A Deseription of the MEPLAN Framework for Land Use and Transport Interaction Modeling [C] . Washington: Paper at the 73rd Annual Transportation Research Board Meetings, 1993.

[29] Hunt J. D. Calibrating the Naples Land Use and Transport Model [D] . Calgary: University of Calgary, 1994.

[30] James I. I. , Kim T. J. Mills' Urban System Models: Perspective and Template for LUTE (Land Use Transport Environment) Applications [J] . Computers Environment & Urban Systems, 1995, 19 (4): 207-225.

[31] Jan V. , Harry T. , Loek K. RAMBLS: A Regional Model Based on the Micro-simulation of Daily Activity Travel Patterns [J] . Environment and Planning, 2000 (3): 78-97.

[32] Jun M. J, Hur J. W. Commuting Costs of "leap-frog" New-town Development in Seoul [J] . Cities, 2001 (3): 151-158.

［33］Jun M. J. Commuting Patterns of New Town Residents in the Seoul Metropolitan Area ［J］. Journal of the Korea Regional Development Association, 2000（2）: 157-170.

［34］Kain J. F. , Apgar W. C . Housing and Neighborhood Dynamics（A Simulation Study ［M］. Cambridge: Harvard University Press, 1985.

［35］Knight R. L. , Trygg L. Land Use Impacts of Rapid Transit Systems: Implications of Recent Experience ［R］. Final Report Prepared for the US Department of Transportation, 1977.

［36］Krugman P. R. Geography and Trade ［M］. Cambridge: MIT Press, 1991.

［37］Krugman P. Space: The Final Frontier ［J］. The Journal of Economic Perspective, 1998, 12（2）: 161-174.

［38］Lundqvist L. A Model System for Strategic Metropolitan Energy Studies ［R］. Chapter 12 in Spatial Energy Analysis, 1989.

［39］Mackett R. L. A Model-based Analysis of Land-use and Transport Policies for Tokyo ［J］. Transportation Reviews, 1991（11）: 1-18.

［40］Mackett R. L. Comparative Analysis of Modeling Land-use Transport Interaction at the Miero and Macro Levels ［J］. Environment and Planning, 1990b（22）: 459-475.

［41］Mackett R. L. Lilt and Meplan: A Comparative Analysis of Land-use and Transport Policies for Leeds ［J］. Transport Reviews, 1991（12）: 131-154.

［42］Mackett R. L. Master Model Micro-Analytical Simulation of Transport, Employment and Residenee ［R］. Crowthorne: Transport and Road Research Laboratory, 1990.

［43］Mackett R. L. The Systematic Application of the Lilt Model to Dortmund, Leeds and Tokyo ［J］. Transportation Review, 1990a（10）: 323-338.

［44］Mc Millen, Daniel P. Employment Sub-centers in Chicago: Past, Present, and Future Economic Perspectives ［R］. Chicago: Federal Reserve Bank of Chicago, 2003.

［45］Miller H. J. , Wu Y. H. , Hung M. C. GIS-based Dynamic Traffic Congestion Modeling to Support Time-critical Logistics ［C］. Hawaii: 32nd Hawaii International Conference on System Science, 1999.

[46] Naess P., Sandberg S. L. Work Place Location, Modal Split and Energy Use for Commuting Trips [J]. Urban Studies, 1996 (3): 357-380.

[47] Nakamura Y., Wakita H. Terrestrial Heat Flow around the Aseismic front of the Japanese Island Arc [J]. Tectonophysics, 1982, 81 (1-2): 25-35.

[48] Newman Peter, Jeffey Kenworthy. The Land Use Transport Connection-An Overview [J]. Land Use Policy, 1996, 13 (1): 1-22.

[49] Putman S. H. Integrated Urban Models: Policy Analysis of Transportation and land Use [M]. London: Pion Limited, 1983.

[50] Salvini P. A. Design and Development of the Ilute Operational Prototype: A Comprehensive Microsimulation Model of Urban Systems [D]. Toronto: University of Toronto, 2003.

[51] Schwanen T., Dieleman F. M., Dijst M. Travel Behavior in Dutch Mono-centric and Policentric Urban Systems [J]. Journey of Transport Geography, 2001 (9): 173-186.

[52] Dickey J. W., Leiner C. Use of TOPAZ for Transportertion-land Use Planning in a Suburban Country [J]. Transportation Research Record, 1983 (31): 20-26.

[53] Tabuchi, Takatoshi. Interregional Income Diferentials and Migration: Their Interrelationships [J]. Regional Studies, 2006, 22 (1): 1.

[54] Tom T. Tom Tom Traffic Index 2016 [EB/OL]. http://corporate.tom-tom.com, 2017-05-02/2017-10-12.

[55] Waddell P. The Oregon Prototype Metropolitan Land Use Model [C]. ASCE Conference on Transportation: Land Use and Air Quality, 1998.

[56] Wu D., Deng W. Characteristics Analysis of Urban Traffic in Small and Medium-Sized Cities in Context of Mechanization—with Huai'an as an Example [J]. Procedia-Social and Behavioral Sciences, 2013 (96): 2240-2247.

[57] W. Christaller. Central Place in Southern Germany [M]. Translated by C W. Boskin. Prentice Hall. Upper Saddle River, 1966.

[58] 阿尔弗雷德·韦伯. 工业区位论 [M]. 李刚剑, 陈志人, 张荣保,

译．北京：商务印书馆，2010.

［59］北京交通发展研究中心．2010年北京市交通发展年报［R］．北京：北京交通发展研究中心，2011.

［60］北京交通发展研究中心．2014年北京市交通发展年报［R］．北京：北京交通发展研究中心，2015.

［61］北京市规划委员会．北京城市总体规划（2004—2020年）［EB/OL］．http：//www.cityup.org/case/general/20070907/32261.shtml，2007-09-08/2017-10-12.

［62］北京市交通委员会．国外交通拥堵定义指标简介［EB/OL］．http：//jtw.beijing.gov.cn/xxgk/dtxx/201212/t0121228_344604.html，2012-12-28.

［63］曹晓曙，阎小培．经济发达地区交通网络演化对通达性空间格局的影响——以广东省东莞市为例［J］．地理研究，2003，22（4）：305-312.

［64］曹振良．房地产经济学通论［M］．北京：北京大学出版社，2003.

［65］柴彦威．城市空间［M］．北京：科学出版社，2000.

［66］陈凯丽．上海市城市交通拥堵原因及对策研究［D］．天津商业大学硕士学位论文，2013.

［67］陈立芳，郑卫民．城市交通与城市空间互动影响探索［J］．中外建筑，2007（10）：64-66.

［68］陈雪明．洛杉矶城市空间结构的历史沿革及其政策影响［J］．国外城市规划，2004（1）：35-41.

［69］邓毛颖，谢理，林小华．基于居民出行特征分析的广州市交通发展对策研究［J］．经济地理，2000（2）：109-114.

［70］丁成日．城市空间结构和用地模式对城市交通的影响［J］．城市交通，2010，8（5）：28-35.

［71］丁成日，宋彦．城市规划与空间结构［M］．北京：中国建筑工业出版社，2005.

［72］段里仁．城市交通概论［M］．北京：北京大学出版社，1999.

［73］冯筱，于漪，孙斌栋，等．多中心城市结构下的通勤交通效应——以上海市为例［J］．城市探索，2011（6）：20-21.

[74] 傅彦，周涛，高志刚．浅谈重庆市城市结构与城市交通［J］．山西建筑，2009，35（5）：20-22.

[75] 高鸿业．西方经济学（微观部分）［M］．北京：中国人民大学出版社，2011.

[76] 高雪莲．超大城市产业空间形态的生成与发展研究［M］．北京：经济科学出版社，2007.

[77] 葛亮，王炜，邓卫．城市空间布局与城市交通相关关系研究［J］．华中科技大学学报（城市科学版），2003（20）：51-54.

[78] 顾朝林，柴彦威，蔡建明，等．中国城市地理［M］．北京：商务印书馆，2002.

[79] 顾朝林，甄峰，张京祥，等．集聚与扩散——城市空间结构新论［M］．南京：东南大学出版社，2000.

[80] 郭继孚，刘莹，余柳．对中国大城市交通拥堵问题的认识［J］．城市交通，2011（2）：8-14.

[81] 郭文帅，荣朝和．中央与地方政府关系对公共资源配置影响的时空分析——以交通基础设施发展为例［J］．北京交通大学学报（社会科学版），2015，14（1）：24-35.

[82] 过秀成．城市集约土地利用与交通系统关系模式研究［D］．东南大学博士学位论文，2001.

[83] 韩凤．城市空间结构与交通组织的耦合发展模式研究［D］．东北师范大学博士学位论文，2007.

[84] 何嘉耀，叶祯翔，石京．一种考虑交通成本的城市空间结构演化模型［J］．公路交通科技，2014，31（2）：141-149.

[85] 何九盈，王宁，董琨．辞源（第三版）［M］．北京：商务印书馆，2015.

[86] 何玉宏，谢逢春．国内外城市交通拥堵治理分析及借鉴［J］．城市观察，2013（2）：136-144.

[87] 黄承锋，刘晓萌，姜庆，等．重庆主城区交通拥堵病的深度治理——产城融合健康生活［J］．中国发展，2015，15（2）：73-77.

[88] 黄孝艳，陈阿林，胡晓明，等．重庆市城市空间扩展研究及驱动力分

析［J］．重庆师范大学学报（自然科学版），2012，29（4）：41-47.

［89］K.J.巴顿．城市经济学［M］．北京：商务印书馆，1984.

［90］凯文·林奇．城市形态［M］．林庆怡，陈朝晖，邓华，译．北京：华夏出版社，2001.

［91］孔令斌．城市发展与交通规划：新时期大城市综合交通规划理论与实践［M］．北京：人民交通出版社，2009.

［92］李彬．特大城市交通拥堵治理对策研究——以上海为例［J］．综合运输，2016，38（8）：1-8.

［93］李春香，荣朝和．从时空视角分析美国早期（1830—1917）的铁路产业政策［J］．综合运输，2016，38（6）：74-80.

［94］李德华．城市规划原理［M］．北京：中国建筑工业出版社，2001.

［95］李桦楠，贾元华，周杨．基于空间经济学理论的客运交通需求研究进展与展望［J］．经济问题探索，2018（9）：185-190.

［96］李晓霞．济南市交通拥堵治理的问题与对策研究［D］．山东大学硕士学位论文，2014.

［97］林雄斌，杨家文．城市交通拥堵特征与治理策略的多维度综合评述［J］．综合运输，2015，37（8）：55-61.

［98］刘定惠．城市空间结构对居民通勤行为的影响研究——以成都市和兰州市为例［J］．世界地理研究，2015，12（24）：78-84.

［99］刘东．工业川地价格标准的合理确定［J］．浙江大学学报（人文社会科学版），2008，38（4）：146-153.

［100］刘建朝，王亚男，王振坡，等．城市规模、网络结构与交通拥堵的关系研究——基于动态性拓展的宏观网络交通模型的解释［J］．城市发展研究，2017，24（11）：101-111.

［101］刘健．基于区域整体的郊区发展——巴黎的区域实践对北京的启示［M］．南京：东南大学出版社，2004.

［102］刘露．城市空间结构与交通发展的关系初探——以天津城市发展为例［J］．中国科技论坛，2010（11）：111-116.

［103］刘乃全，吴伟平．城市空间结构的优序选择研究［J］．湖湘论坛，

2017，175（4）：99-105.

　　[104] 陆大道．区域发展及其空间结构［M］．北京：科学出版社，1995.

　　[105] 陆化普．城市交通供给策略与交通需求管理对策研究［J］．城市交通，2012，10（3）：1-6.

　　[106] 陆化普．城市交通拥堵机理分析与对策体系［J］．综合运输，2014（3）：43-53.

　　[107] 陆化普，王建伟，袁虹．基于交通效率的大城市合理土地利用形态研究［J］．中国公路学报，2005，18（3）：109-113.

　　[108] 吕镓欢．时空视角下城市交通拥堵治理政策研究［D］．重庆交通大学硕士学位论文，2017.

　　[109] Mayhew S. 牛津地理学词典［M］．上海：上海外语教育出版社，2001.

　　[110] 马清裕，张文尝，王先文．大城市内部空间结构对城市交通作用研究［J］．经济地理，2004，24（2）：215-220.

　　[111] 毛蒋兴，阎小培．高密度开发城市交通系统对土地利用的影响作用研究——以广州为例［J］．经济地理，2005a，25（2）：185-189.

　　[112] 毛蒋兴，阎小培．我国城市交通系统与土地利用互动关系研究评述［J］．城市规划汇刊，2002（4）：34-37.

　　[113] 毛炜，等．城市交通系统持续发展理论体系研究［M］．北京：科学出版社，2004.

　　[114] 孟祥林．城市化进程中的城中村问题与对策分析［J］．湖南财经高等专科学校学报，2014，124（26）：94-98.

　　[115] 彭劲松．大都市圈卫星城市的空间结构与功能布局：以重庆为例［J］．重庆社会科学，2011，205（4）：89-93.

　　[116] 皮埃尔·梅兰．城市交通［M］．高煜，译．北京：商务印书馆，1996.

　　[117] 丘银英，唐立波．城市交通拥堵及治堵政策刍议［J］．城市交通，2012，10（2）：40-45.

　　[118] 曲大义．可持续发展的城市土地利用与交通规划理论及方法研究

［D］．南京：东南大学，2001．

［119］荣朝和．关于经济学时间概念及经济时空分析框架的思考［J］．北京交通大学学报（社会科学版），2016，15（3）：1-15．

［120］荣朝和．交通—物流时间价值及其在经济时空分析中的作用［J］．经济研究，2011，46（8）：133-146．

［121］荣朝和．论时空分析在经济研究中的基础性作用［J］．北京交通大学学报（社会科学版），2014a，13（4）：1-11．

［122］荣朝和．论运输化［M］．北京：中国社会科学出版社，1993．

［123］荣朝和．铁路/轨道交通在新型城镇化及大都市时空形态优化中的作用［J］．北京交通大学学报（社会科学版），2014，13（2）：21-28．

［124］荣朝和．重视大都市区在城市化过程中的地位与作用［J］．北京交通大学学报（社会科学版），2014b，13（3）：1-9．

［125］荣朝和，韩舒怡，闫申，王学成．关于匹配概念及其时空经济分析框架的思考［J］．北京交通大学学报（社会科学版），2017，16（2）：12-21．

［126］上海市城市规划管理局上海市城市总体规划（1999—2020年）［EB/OL］．https：//www．supdri．com/2035/index．php？c＝channel&molds＝oper&id＝5，2001-02-11/2017-10-12．

［127］邵春福．交通规划原理［M］．北京：中国铁道出版社，2014．

［128］宋博，赵民．论城市规模与交通拥堵的关联性及其政策意义［J］．城市规划，2011，35（6）：21-27．

［129］孙斌栋，潘鑫．城市空间结构对交通出行影响研究的进展——单中心与多中心的论争［J］．城市问题，2008，150（1）：19-28．

［130］孙斌栋，潘鑫，胥建华，等．我国特大城市交通战略的未来走向［J］．城市问题，2007（5）：81-85．

［131］孙斌栋，涂婷，石巍，等．特大城市多中心结构的交通绩效检验——上海案例研究［J］．城市规划研究，2013，207（2）：63-69．

［132］孙斌栋，魏旭红．中国城市区域的多中心空间结构与发展战略［M］．北京：科学出版社，2016．

［133］孙莉芬．城市交通拥堵疏导决策支持系统的研究［D］．华中科技大

学硕士学位论文，2005.

［134］孙群郎．美国城市交通的发展与城市生态组织的变迁［J］．史学集刊，2001（2）：67-72.

［135］孙喆．城市交通公平研究综述［J］．国际城市规划，2015（2）：55-61.

［136］唐子来．西方城市空间结构研究的理论和方法［J］．城市规划汇刊，1997（6）：45-54.

［137］万霞，陈峻，王炜．我国组团式城市小汽车出行特征分析［J］．城市规划学刊，2007（3）：86-89.

［138］王春才．城市交通与城市空间演化相互作用机制研究［D］．北京交通大学博士学位论文，2007.

［139］王净．我国城市交通拥堵的对策研究——以济南市为例［D］．山东师范大学硕士学位论文，2011.

［140］王倩倩．城市交通运行效率评价指标体系研究［D］．中国海洋大学硕士学位论文，2012.

［141］王晓荣，荣朝和．城市化与交通运输的互动发展研究［J］．经济问题探索，2014（1）：52-57.

［142］王宙玥．我国城市交通拥堵治理的对策研究［D］．长春工业大学硕士学位论文，2012.

［143］韦亚平，赵民．都市区空间结构与绩效——多中心网络结构的解释与应用分析［J］．城市规划，2006，30（4）：9-16.

［144］吴生波．我国城市规划和管理存在问题的研究［D］．河南大学硕士学位论文，2013.

［145］吴肖，吴丹，关山，等．城市交通拥堵问题治理研究综述［J］．大众科技，2015，192（17）：151-155.

［146］向德平，章娟．吉登斯时空观的现代意义［J］．哲学动态，2003（8）：29-31.

［147］谢守红．大都市区的空间组织［M］．北京：科学出版社，2004.

［148］徐东云．城市交通拥堵与城市空间扩展的关系研究［D］．北京交通大学博士学位论文，2009.

［149］徐东云，张妍．城市交通拥堵的分层次治理研究［J］．综合运输，2009（10）：35-41.

［150］徐泽州，赵一新，马清，等．青岛市大尺度海湾型空间结构的交通方式选择［J］．城市交通，2012，10（6）：22-27.

［151］许学强，周一星，宁越敏．城市地理学［M］．北京：高等教育出版社，1996.

［152］亚历山大·卡斯伯特．城市形态：政治经济学与城市设计［M］．孙诗萌，等，译．北京：中国建筑工业出版社，2011.

［153］阎小培．广州CBD的交通特征与交通组织研究［J］．城市规划，2002，26（3）：78-82.

［154］杨德进．大都市新产业空间发展及其城市空间结构响应［D］．天津大学博士学位论文，2012.

［155］杨浩雄，李金丹，张浩，等．基于系统动力学的城市交通拥堵治理问题研究［J］．系统工程理论与实践，2014，34（8）：2135-2142.

［156］杨励雅．城市交通与土地利用相互关系的基础理论与方法研究［D］．北京交通大学博士学位论文，2007.

［157］杨明，王炜．城市土地利用与交通需求相关关系模型研究［J］．公路交通科技，2002，19（1）：72-75.

［158］杨涛．空间句法：从图论的角度看中微观城市形态［J］．国外城市规划，2006，21（3）：48-52.

［159］叶亮．城市空间结构与交通结构相互关系探析［J］．现代城市研究，2007（2）：60-65.

［160］约翰·冯·杜能．孤立国同农业和国民经济的关系［M］．吴衡康，译．北京：商务印书馆，2010.

［161］翟长旭．组团式城市交通特性分析及发展策略——以重庆市主城区为例［J］．重庆交通大学学报（社会科学版），2012，12（3）：9-11.

［162］詹姆斯·P. 沃麦克，丹尼尔·T. 琼斯，丹尼尔·鲁斯［M］．余译，等译，北京：机械工业出版社，2015.

［163］张卿．论大城市治理交通拥堵的政府监管制度选择与优化［J］．行

政法学研究，2017（6）：45-57.

[164] 张元浩，荣朝和．从时空视角看轨道交通对东京大都市区的影响[J]．铁路运输与经济，2015，37（8）：78-82.

[165] 张振广．多中心大都市城市蔓延特征与对策[J]．规划师，2015（31）：211-216.

[166] 张钟允，李春利．交通拥堵治理及拥堵费制度的机理分析与探究[J]．城市发展研究，2014，21（9）：103-109.

[167] 赵鹏军，万海荣．我国大城市交通拥堵特征与国际治理经验借鉴探讨[J]．世界地理研究，2016，25（5）：48-56.

[168] 郑祖武．中国城市交通[M]．北京：人民交通出版社，1994.

[169] 周春山．城市空间结构与形态[M]．北京：科学出版社，2007.

[170] 周春山，叶昌东．中国城市空间结构研究评述[J]．地理科学进展，2013，32（7）：1030-1038.

[171] 周素红，阎小培．城市居住—就业空间特征及组织模式——以广州市为例[J]．地理科学，2005a，25（6）：664-670.

[172] 周素红，阎小培．广州城市空间结构与交通需求关系[J]．地理学报，2005b，60（1）：131-142.

[173] 朱丹．时空视角下我国城市交通拥堵治理研究——以天津市为例[D]．天津城建大学硕士学位论文，2018.

[174] 朱顺应，杨涛．城市交通需求管理理论研究初探[J]．重庆交通学院学报，1997，16（1）：107-113.

[175] 朱喜钢．城市空间集中与分散论[M]．北京：中国建筑工业出版社，2002.

[176] 祝建军．基于交通效率的城市道路交通系统优化理论与方法研究[D]．西南交通大学博士学位论文，2011.

[177] 庄林德，张京祥．中国城市发展与建设史[M]．南京：东南大学出版社，2002.